CB137220

TUTELAS PROVISÓRIAS

E EMERGÊNCIAS EM SAÚDE PRIVADA

NATALIA CAROLINA VERDI

TUTELAS PROVISÓRIAS
E EMERGÊNCIAS EM SAÚDE PRIVADA

GZ
EDITORA
Rio de Janeiro
2019

1ª edição – 2019

© *Copyright*
Natalia Carolina Verdi

CIP – Brasil. Catalogação-na-fonte.
Sindicato Nacional dos Editores de Livros, RJ.

V594t

Verdi, Natalia Carolina
Tutelas provisórias e emergências em saúde privada / Natalia Carolina Verdi. - 1. ed. - Rio de Janeiro: LMJ Mundo Jurídico, 2019.
138 p.; 21 cm.

Inclui bibliografia e índice
ISBN 978-85-9524-064-3

1. Direito à saúde - Brasil. 2. Seguro saúde - Brasil. 3. Contratos de adesão - Brasil. I. Título.

19-56768

CDU: 349.3:368.942

O titular cuja obra seja fraudulentamente reproduzida, divulgada ou de qualquer forma utilizada poderá requerer a apreensão dos exemplares reproduzidos ou a suspensão da divulgação, sem prejuízo da indenização cabível (art. 102 da Lei nº 9.610, de 19.02.1998).

Quem vender, expuser à venda, ocultar, adquirir, distribuir, tiver em depósito ou utilizar obra ou fonograma reproduzidos com fraude, com a finalidade de vender, obter ganho, vantagem, proveito, lucro direto ou indireto, para si ou para outrem, será solidariamente responsável com o contrafator, nos termos dos artigos precedentes, respondendo como contrafatores o importador e o distribuidor em caso de reprodução no exterior (art. 104 da Lei nº 9.610/98).

As reclamações devem ser feitas até noventa dias a partir da compra e venda com nota fiscal (interpretação do art. 26 da Lei nº 8.078, de 11.09.1990).

Reservados os direitos de propriedade desta edição pela
GZ EDITORA

e-mail: contato@editoragz.com.br
www.editoragz.com.br
Av. Erasmo Braga, 299 – sala 202 – 2º andar – Centro
Rio de Janeiro – RJ – CEP 20010-170
Tels.: (0XX21) 2240-1406 / 2240-1416 – Fax: (0XX21) 2240-1511

Impresso no Brasil
Printed in Brazil

Dedico este trabalho àqueles que diuturnamente se deparam com as mais variadas situações emergenciais na área da saúde privada e que diante das negativas de concessão das operadoras de plano de saúde ao que se faz necessário para salvaguardar a vida em situações de risco, necessitam pleitear judicialmente o cumprimento dos contratos firmados.

AGRADECIMENTOS

Deus, em sua infinita sabedoria e graça, possibilitou-me chegar até aqui, razão pela qual meu coração e minha alma se engrandecem de gratidão ao grande Criador do Universo por esta imensurável conquista que Ele me possibilitou.

Aos meus pais, Ana e Imai, razões de minha existência e de toda minha riqueza afetiva e espiritual, meus exemplos de caráter e de humanidade, meus mais sinceros agradecimentos por me possibilitarem trilhar meus caminhos sempre com apoio e amor imensuráveis.

Aos amigos de jornada, em especial Amalia Ap. G. Zappallá, Diogo Gonzales Júlio, Eugênia Namie Sugimoto, Felipe Skraba, Lenira Cristina Stella, Maria Júlia Tenório Plácido Bigatto, Mariana Pedroso Wey, Mariana Stuart Nogueira, Rodrigo de Jesus Gonzales Garcia e Valquíria Alves Cardoso, advindos das mais variadas áreas e fases da vida, saibam que sou grata por tê-los por perto, ainda que não fisicamente muitas vezes, e por tudo que compartilhamos ao longo dos caminhos. Que possamos estar juntos sempre em busca da justiça e da realização de um bem maior, haja vista que uma das certezas que nos une é a de que somos sabedores de que unidos sempre podemos mais, independentemente de onde estejamos.

SUMÁRIO

INTRODUÇÃO

O objetivo deste trabalho consiste em avaliar algumas situações emergenciais em saúde, que inicialmente são amparadas por planos de saúde em decorrência dos contratos firmados que assim as asseguram, mas que, quando negadas, caso apreciadas judicialmente mediante a interposição da tutela provisória, serão possivelmente deferidas a favor de quem as pleiteia.

Com o auxílio de pesquisas doutrinárias e jurisprudenciais, o foco da temática apresentada é evidenciar o que se entende por tutela provisória em seu gênero e em suas espécies de cabimento, com suas especificidades, e a forma como devem ser considerados os contratos de planos de saúde firmados, em especial no tocante às situações emergenciais, as quais sendo negadas, se judicializadas, poderão ser objeto de apreciação judicial para que sejam revertidas no menor tempo possível.

As tutelas provisórias nos casos de emergência em saúde privada são de grande relevância porque a temática, que já não é recente, passou por significativas mudanças com alteração do ordenamento jurídico vigente.

Até 18 de março de 2016, entrou em vigor o novo Código de Processo Civil. Vigorava no ordenamento jurídico brasileiro o Código de Processo Civil promulgado em 1973, o qual foi revogado pela Lei Federal nº 13.105, datada de 16 de março de 2015.

A nova legislação trouxe inúmeras inovações, numa tendência de querer simplificar os procedimentos por ela regulamentos, a saber, por exemplo, todas as ações que tiverem por objeto o que se estuda no presente trabalho, quais sejam, as que envolvam litígios interligados à apuração da responsabilidade civil dos planos de saúde nos casos em que se configure, por parte destes, negativas de atendimento nos casos emergenciais de saúde.

É de conhecimento público e notório que a tramitação de um processo na justiça brasileira leva anos para ser concluída, considerando todos os recursos que podem ser interpostos a cada decisão, ainda que perseguida a simplificação dos procedimentos pela nova legislação em vigor, sem que nos olvidemos ainda das instâncias pelas quais pode tramitar uma ação judicial para julgá-los.

Por esta razão, a interposição de tutelas provisórias nos casos de negativas de cobertura por parte dos planos de saúde em situações emergenciais em saúde, se faz medida justa e acertada a fim de se salvaguardar, com uma possibilidade de efetividade mais imediata, a vida que corre perigo, que sente dor.

O tipo de tutela provisória a ser interposta, bem como o momento em que ocorrerá, dependerá de alguns fatores legalmente dispostos, mas levará em consideração que a situação pela qual se pleiteia reversão mediante a sua interposição, deverá, de forma sincrética, evidenciar a probabilidade de que o direito alegado se faz de forma inconteste e que há perigo de dano ou de risco de resultado útil ao processo, caso ele tenha que tramitar até decisão final, passando por todas as possíveis situações nas quais poderão advir recursos e por todas as instâncias judiciárias pelas quais poderá tramitar para apreciá-los.

É de grande relevância a consideração destas situações, uma vez que a vida, ainda que um direito não absoluto deva ser sempre resguardado no seu conceito mais amplo, respeitando-se o bem estar do ser humano, em sua integralidade, dentro de seus mais íntimos desejos.

Ao assinar um contrato de plano de saúde privada, o contratante que dele fará uso na condição de paciente, adere ao que lhe é ofertado pela operadora do plano objetivando exatamente ter respeitada sua integralidade vital no momento em que sua saúde refletir situação emergencial periclitante.

Os contratos de planos de saúde são regulamentados por lei específica, incidindo-lhes a obrigatoriedade de cobertura a tudo que neles constar nas situações por ele ratificadas como acobertadas.

Ocorre que, muitas questões são imprevisíveis, vez que não há como prever, de forma plenamente abrangente, as situações emergenciais pelas quais passará um ser humano ao longo da vida.

Somando-se a isso e considerados também os avanços da medicina, da farmacologia e dos demais aparatos tecnológicos relacionadas ao amparo e à manutenção da vida, respeitados os conceitos individuais de dignidade, para salvaguardar as situações emergenciais, inúmeras inovações surgem ao longo dos anos.

Estas inovações acabam por refletir na obrigatoriedade de cobertura abarcada pelos planos de saúde, sobre o que devem garantir àqueles que fizeram adesão pretérita.

A responsabilidade dos demais envolvidos numa situação emergencial em saúde também deve ser considerada, das quais se ressaltam a atuação do médico e dos hospitais, por exemplo.

A somatória destes fatores acaba muitas vezes por elucubrar em medidas judiciais a serem interpostas por todo aquele que passa pela referida situação, o que no presente trabalho não será considerado, vez que nele se objetiva apenas o enfoque das situações regulamentadas por lei no tocante aos planos de saúde, mais especificamente quanto à garantia de cobertura de atendimento nos casos emergenciais.

Considerando o prazo abarcado para cobertura de atendimento emergencial pelos planos de saúde e sua necessidade de relativização, a necessidade de reembolso de despesas quando, em condição de perigo de vida iminente, o plano não cumprir a contento o que determina a legislação e o que disciplina cada contrato, bem como a prioridade nos agendamentos de consultas e a realização de procedimentos em casos tidos como emergenciais, buscou-se, mediante pesquisas doutrinárias e jurisprudenciais, aclarar a respeito de casos em que as tutelas provisórias poderão ser pleiteadas com maior chance de sucesso, caso se façam necessárias.

As pesquisas jurisprudenciais são focadas nos entendimentos do Egrégio Superior Tribunal de Justiça, considerando que há uma infinidade de julgamentos a respeito do tema pelos Tribunais Estaduais e Regionais Federais nesta imensidão geográfica que é o país em que vivemos.

Ainda assim, não se pode afirmar que o entendimento hoje vigente é pacífico ou imutável, estimando-se o fato de que vida e os juízos de valor sobre eles são conceitos voláteis, o que pode acabar por refletir em uma problemática de incalculável monta quando defrontada a situação de uma vida que corra perigo, de alguém que sinta dor.

De toda forma, ainda que não se saiba o resultado final do que se pleiteia, a fim de que mais do que cumprimentos contratuais ocorram, mas sobremaneira, para que as mínimas condições de sobrevivência digna sejam respeitadas, necessário sempre se faz tentar.

1

TUTELAS PROVISÓRIAS

1.1. Conceito

O Código de Processo Civil vigente entrou em vigor em 18 de março de 2016, trazendo com ele algumas mudanças significativas no ordenamento jurídico brasileiro.

É sabido e notório que um processo na justiça brasileira leva anos para que seja julgado em definitivo, razão pela qual assim como já previa o Código de Processo Civil anterior, de 1973 (revogado pela Lei Federal nº 13.105/2016), o Novo Código de Processo Civil trouxe situações em que se admite pleitear judicialmente a concessão de um direito cuja violação seja evidente, sem que seja necessário esperar pelo julgamento definitivo do que se apresenta, considerando que o novo regramento "confere aos juízes o que pode ser chamado de poder geral de urgência, uma vez que lhes permite seja deferida as medidas emergenciais de cunho conservativo ou satisfativo"[1].

Neste sentido, o Título I do Livro V do Código de Processo Civil vigente[2] relaciona as disposições gerais sobre as Tutelas Provisórias, que podem ser fundamentadas em situações de urgência ou de evidência, a serem concedidas pelo Magistrado da causa a ele apresentada.

A alteração legislativa[3] em referência visa "assegurar às pessoas a obtenção de prestação jurisdicional célere, adequada e efetiva"[4],.

Nestes casos estará

> "o magistrado autorizado a conceder as medidas para a efetivação da tutela provisória independentemente do pedi-

---

1 CARVALHO, Karyna de Almeida. **Tutelas de Urgência e Evidência no Novo Código de Processo Civil.** São Paulo: All Print, 2016, p. 27.

2 BRASIL. **Lei Federal n.º 13.105**, de 16 de março de 2015.

3 Vigia até a entrada em vigor do Novo Código de Processo Civil, a Lei Federal n.º 5.869, de 11 de janeiro de 1973, revogada pela Lei Federal n.º 13.105, de 16 de março de 2016.

4 GOMES, Josiane Araújo. **Contratos de Plano de Saúde**. A busca judicial pelo equilíbrio de interesses entre usuários e as operadoras de planos de saúde. Leme: JH Mizuno, 2016, p. 266.

> do da parte, em situações excepcionais, exercendo o seu poder geral de cautela, desde, é claro, que a medida não seja preparatória, sob pena de violação do princípio da demanda"[5].

A este respeito é

> "digno de nota ressaltar que a possibilidade do juiz poder determinar, de ofício, medidas que assegurem o resultado prático e útil da tutela, não se confunde com a concessão da própria tutela, que depende de pedido da parte, como qualquer outra tutela jurisdicional, a qual, aliás, é vinculada aos limites dos pedidos formulados pelos litigantes"[6]

De forma sucinta podemos afirmar que Tutela Provisória é um gênero, assim como a Tutela Provisória de Urgência e a Tutela Provisória de

5 GOMES, Josiane Araújo. **Contratos de Plano de Saúde**. A busca judicial pelo equilíbrio de interesses entre usuários e as operadoras de planos de saúde. Leme: JH Mizuno, 2016, p. 267.

6 *Ibid. Id.*

Emergência são espécies dela decorrentes, cada uma destas últimas com suas especificidades.

Como o próprio nome diz, são Tutelas Provisórias, que podem ser revistas ou revogadas a qualquer tempo, mas que terão seus efeitos mantidos até que outra decisão a ela contrária seja proferida, razão pela qual se afirma que "todas estas medidas antecipatórias da tutela de um direito se caracterizam pela provisoriedade"[7].

A concessão das Tutelas Provisórias tem extrema relevância nas questões relacionadas à saúde, haja vista que o tempo, quando a questão é a vida, é de suma importância.

Por esta razão, no campo do Direito Médico, é muito comum o paciente ou seu familiar procurar por um advogado nas situações em que os planos de saúde por eles contratados agem com reiteradas negativas às solicitações dos médicos que os acompanham, como as situações em que necessitam de uma internação emergencial e estas demandas lhes são negadas.

---

7 SOUZA, Neri Tadeu Camara. **Plano de Saúde e Tutela Antecipada**. Disponível em:< http://ambito-juridico.com.br/site/?n_link=revista_artigos_leitura&artigo_id=1883&revista_caderno=7>. Acesso em 25 outubro. 2016.

Nestes casos, os advogados procurados pelo paciente ou por seus familiares, interpõem junto ao Poder Judiciário, ações que objetivam o cumprimento dos contratos firmados, buscando a concessão da Tutela Provisória que se fizer necessária, de acordo com a situação que lhes for apresentada e mediante o preenchimento das exigências legais para que sejam pleiteadas e com maior probabilidade de serem deferidas.

As ações visam corrigir as injustas negativas dos planos de saúde que vetam ao paciente o que lhe foi assegurado no momento em que ele firmou seu contrato de saúde privada junto às suas respectivas seguradoras.

Ao interpô-las, o objetivo curial é preservar a vida em sua integralidade, ou seja, configurada uma negativa do plano de saúde diante de uma prescrição médica recomendada como, por exemplo, uma internação urgente e iminente ao paciente que o contratou, inevitável se faz que haja uma intervenção estatal para que se reverta à situação, haja vista que não há como se esperar por anos para se preservar uma vida que corre perigo.

Para isso, a instrução do pedido é medida de suma importância. Cabe ao advogado acionado, seja pelo paciente, por sua família ou por seu representante legal, elaborar o pedido que, sob o crivo judicial, visará amparar a vida que corre perigo, da maneira mais abrangente possível, ou seja, embasar a tutela pleiteada com documentos e laudos médicos que atestem a afetiva urgência do que se faz necessário à saúde que está abalada e à vida que corre perigo, visando minimizar a negativa do que pleiteia judicialmente diante da não liberação do que se fez necessário pela operadora em saúde.

Assim, a fim de se fazer cumprir o que determinam os contratos firmados em saúde suplementar[8], caberá ao advogado acionar a máquina judiciária e pleitear o que for necessário, com a observação da pertinente instrução do pedido, para que a saúde e a vida daquele que faz jus a este cumprimento, sejam respeitadas e salvaguardadas, observando o que se passa a expor.

1.2. Modalidades

O Código de Processo Civil prevê duas modalidades de Tutela Provisória, a saber, a tutela de urgência e a tutela de evidência.

8 No Brasil os contratos firmados na área da saúde suplementar são regulados pela Lei Federal n.º 9.656/98, valendo lembrar que a Resolução do Conselho de Saúde Suplementar – CONSU – de n.º 13, datada de 03 de novembro de 1998, dispõe sobre a cobertura nos casos de urgência e de emergência.

Diferem-se no sentido de que a tutela provisória com base na urgência pode ser incidental ou antecedente. Será incidental quando apresentada no curso de um processo já existente. Será, contudo, antecedente, quando apresentada antes do pedido principal", ressaltando-se que "a tutela de evidência não poderá ser antecedente, pois não tem como pressuposto a urgência, e sim a correta distribuição do ônus do processo entre as partes, com base na alta probabilidade do direito postulado"[9].

Desta forma, caberá ao advogado, quando procurado pelo paciente ou por seu familiar quando o plano de saúde lhe negar algum tipo de assessoria em situação emergencial, observar algumas questões, como bem determina o ordenamento vigente, considerando, em suma, se já existe um processo em tramitação ou não e ainda se há como comprovar de forma contumaz o direito dito como violado.

Para se pleitear uma tutela provisória diante de uma negativa de cobertura de um plano de saúde e se ter uma maior probabilidade de seu deferimento pelo Poder Judiciário, alguns requi-

9 SÁ, Renato Montans de. **Manual de Direito Processual Civil**. 2.ed. São Paulo: Saraiva, 2016, p. 291.

sitos devem ser preenchidos e observados, ressaltadas as exigências legais dispostas no Código de Processo Civil vigente, de acordo com o que se passa a considerar.

1.3. Requisitos para Concessão

Para que seja pleiteada e concedida, a Tutela Provisória deve preencher alguns requisitos legais de procedimento, como dispõe o Código de Processo Civil nos artigos 300 a 311.

Os artigos 300 a 310 do referido diploma legal fazem menção aos requisitos legais de procedimento da Tutela de Urgência e o artigo 311 alude a respeito da Tutela de Evidência.

Para elucidar melhor, faz-se necessário subdividir os requisitos de concessão da tutela de urgência e de evidência separadamente, bem como evidenciar suas especificidades.

1.3.1. Da Tutela de Urgência

A Tutela de Urgência está disciplinada no Título II, do Livro V, do Código de Processo Civil vigente[10].

10 BRASIL. **Lei Federal n.º 13.105**, de 16 de março de 2015.

Pode ser pleiteada independentemente da existência de um processo em trâmite, o que nos permite afirmar que é uma modalidade de Tutela Provisória que pode ser pleiteada anteriormente à propositura de uma ação judicial, situação em que será levada ao conhecimento do juiz que será competente para o julgamento da ação principal, ou em caráter incidental, quando a ação já estiver em trâmite.

Quando se tratar

> "de uma tutela de urgência de natureza antecipada, tem o autor a possibilidade de se limitar a apresentar o requerimento da tutela sumária satisfativa, sem a formulação específica do pedido principal, na hipótese em que a urgência for contemporânea à propositura da ação"[11].

Nesta situação, caso concedida pelo juiz que aprecia a causa sem a oitiva da parte contrária, situação tida como *inaudita altera parte,*

11 GOMES, Josiane Araújo. **Contratos de Plano de Saúde**. A busca judicial pelo equilíbrio de interesses entre usuários e as operadoras de planos de saúde. Leme: JH Mizuno, 2016, p. 288.

> "a tutela de urgência antecipada tornar-se-á estável e o processo será extinto. Todavia, dentro do prazo de dois anos, contados da ciência da decisão que extinguiu o processo, pode o réu discutir a decisão, buscando rever, reformar ou invalidar a tutela, em nova ação a ser por ele ajuizada, a qual será distribuída perante o Juízo em que a tutela sumária satisfativa tenha sido concedida"[12].

Tratando-se de

> "tutela de urgência cautelar, tem o autor a possibilidade de se limitar a apresentar o requerimento da tutela preventiva, sem a formulação específica do pedido principal, hipótese em que deverá indicar a lide e seu fundamento, a exposição sumária do direito que se objetiva assegurar e o perigo de dano ou o risco de resultado útil do processo"[13].

---

12 *Ibid*, p. 289.

13 *Ibid*. p. 290.

A tutela de urgência "será concedida quando houver elementos que evidenciem a probabilidade do direito ou o risco útil do processo"[14].

Observe-se que a concessão da Tutela de Urgência considera o tempo como fator primordial à concessão do que se pleiteia; o que é de grande relevância quando a questão é a saúde daquele que busca, judicialmente, a satisfação de um direito que lhe foi violado pela negativa de seu plano de saúde face ao que lhe é devido.

Para que a Tutela de Urgência seja concedida neste caso, há de se comprovar indícios de prova do direito violado, razão pela qual se fala em evidências de probabilidade, ou ainda, que a demora ao que pleiteia ser concedido coloque em risco a utilidade do processo a ser julgado.

Assim,

> "o magistrado, ao analisar os fatos, está predisposto a entender que não terá em mãos todos os elementos necessários que ele encontraria em uma ação de conhecimento para conferir a tutela. Ele se contentará, então, com a mera apa-

---

14 SÁ, Renato Montans de. **Manual de Direito Processual Civil**. 2.ed. São Paulo: Saraiva, 2016, p. 291.

> rência do direito, a mera plausibilidade, apenas a 'fumaça'"[15].

Para que seja concedida, o juiz pode exigir que quem a pleiteia preste algum tipo de garantia, a fim de preservar a parte contrária de eventuais danos que esta possa vir a sofrer com a sua concessão, tendo em vista que "a responsabilidade civil da parte que requer a tutela antecipada é objetiva, de modo que ela responde pelos danos causados ao requerido pela efetivação da medida independente de dolo ou culpa"[16].

Pode ser concedida sem que a parte contrária seja ouvida ou após esta ser intimada e apresentar suas razões prévias.

> "É gênero que compreende suas espécies: Medida Cautelar e Antecipação de Tutela, a primeira traz função assecuratória de tutela cautelar, ou seja, ela assegura o resultado útil do processo, enquanto a antecipada satisfaz o direito da parte, sendo sua característica principal a provisoriedade: a decisão é to-

15 SÁ, Renato Montans de. **Manual de Direito Processual Civil**. 2.ed. São Paulo: Saraiva, 2016, p. 297.

16 *Ibid.* p. 300.

> mada de plano para evitar danos graves e de difícil reparação"[17]

Assim, seja para assegurar um direito ou para satisfazê-lo,

> "as tutelas de urgência são necessárias quando há o risco plausível de que a tutela jurisdicional não se efetive. São imediatamente realizadas, a fim de que garantam a execução ou antecipem os efeitos da decisão final, caso contrário haverá a impossibilidade de execução futura e do direito da lide. É a tutela imediata apropriada a combater as circunstâncias desse risco imediato"[18].

1.3.2. Da Tutela de Evidência

A Tutela de Evidência está prevista no Título III, do Livro V, do Código de Processo Civil vigente[19].

---

17 CARVALHO, Karyna de Almeida. **Tutelas dte Urgência e Evidência no Novo Código de Processo Civil.** São Paulo: All Print, 2016, p. 41.

18 *Ibid.* p. 55.

19 BRASIL. **Lei n.º 13.105**, de 16 de março de 2015.

Para que seja pleiteada e concedida, não se faz necessária a demonstração de perigo de dano ou de risco ao resultado útil do processo, mas devem ser observadas algumas especificidades legais estabelecidas no artigo 311 do referido diploma legal.

Há necessidade de se demonstrar abuso do direito de defesa ou manifesto propósito protelatório do réu, que "constituem conceitos muito vagos e indeterminados a serem preenchidos pelo magistrado no caso concreto"[20].

Observar-se-ão alegações de fato que puderem ser comprovadas apenas documentalmente e houver tese firmada em julgamento de casos repetitivos ou em súmula vinculante, situação em que "o juiz já possui todos os elementos para a formação do seu convencimento quanto à parte ou quaisquer dos pedidos formulados na inicial. Sendo assim, incontroversos, darão ensejo a uma decisão definitiva"[21].

20 SÁ, Renato Montans de. **Manual de Direito Processual Civil**. 2.ed. São Paulo: Saraiva, 2016, p. 313.

21 CARVALHO, Karyna de Almeida. **Tutelas de Urgência e Evidência no Novo Código de Processo Civil.** São Paulo: All Print, 2016, p. 35.

Nos casos em que a petição inicial estiver instruída com prova documental suficiente dos fatos constitutivos do direito do autor, a que o réu não oponha prova capaz de gerar dúvida razoável, ocasião em que

> "poderá o réu, refutar tal pretensão por meio de prova que demonstre fato impeditivo, modificativo ou extintivo do direito do direito do autor, caso em que o indeferimento da liminar é inconteste. Tal prova, conquanto ausente previsão legal devendo também ser documental para assegurar os fins propostos pela tutela de evidência, celeridade da tutela jurisdicional"[22].

Analisadas estas observações, caberá ao operador do direito instrumentalizar a medida por ele a ser interposta, a fim de que se viabilize a salvaguarda da vida e da saúde daquele que o procura em decorrência de uma negativa de seu plano de saúde em conceder o que lhe é assegurado em uma emergência, de acordo com o que dispõe a lei que regulamenta a saúde privada no ordenamento pátrio vigente.

22 *Ibid. Id.*

1.4. Das Tutelas diante das Negativas dos Planos de Saúde

O presente trabalho dedica-se, conforme já afirmado, à abordagem das tutelas de urgência nos casos de emergência.

Estes casos mencionados como emergenciais objetos do presente estudo são aqueles em que os planos de saúde contratados pelo paciente se recusam a lhe fornecer o necessário para manutenção de sua saúde ou para amenizar seu sofrimento, situação em que, diante desta negativa, resta-lhe apenas e tão somente interpor uma tutela, a ser apreciada buscando-se seja concedida judicialmente, de acordo com o caso por ele vivenciado.

As tutelas serão pleiteadas em situações pontuais de negativa de planos de saúde, quando existirem subsídios que impossibilitem a perpetuação e o acatamento para estas negações.

Os contratos de plano de saúde são firmados no intuito de proteger a vida e a saúde dos contratantes, que farão uso do que dispõem os respectivos instrumentos firmados ao se encontrarem na condição de pacientes, salvaguardando-lhes, a assinatura dos termos, a saúde, em sua mais ampla concepção.

Nesse sentido,

> "O direito à saúde é reconhecido, na ordem constitucional pátria, como direito fundamental. Por isso, ao se tornar objeto de uma relação contratual, a saúde deve ser reconhecida como um bem cuja defesa não se confunde com a defesa de outros bens de consumo, por estar intimamente vinculada ao direito à vida, à integridade corporal e à psique, possuindo, pois, caráter extrapatrimonial. Destarte, se ocorre violação ao direito à saúde de determinado usuário, não há como voltar ao *statu quo ante*, o que demonstra sua superioridade a qualquer interesse porventura reclamado pelas operadoras de plano de saúde"[23].

Por estas razões, ao se pleitear uma tutela que salvaguarde o contrato firmado entre o paciente e a operadora do plano de saúde,

23 GOMES, Josiane Araújo. **Contratos de Plano de Saúde**. A busca judicial pelo equilíbrio de interesses entre usuários e as operadoras de planos de saúde. Leme: JH Mizuno, 2016, p. 293.

> "deve o beneficiário do plano de saúde trazer elementos suficientes nos autos, relativos à sua pretensão, capazes de convencer o magistrado acerca da probabilidade de existência do seu direito. Ademais, nestes casos, ressalte-se a necessidade de análise quanto à possibilidade de que, em não sendo concedida a tutela de urgência, advir ao requerente da medida dano irreparável ou de difícil reparação, impossível de ser reconstituído com provimento final"[24].

Aquele que requer deve comprovar que faz jus ao que pleiteia, razão pela qual a comprovação do que pleiteia em caráter de tutela

> "é demonstrada, em primeiro lugar, pela existência da relação contratual entre as partes. Em face disso, tratando-se a demanda sobre hipótese de negativa – sob qualquer argumento: doença

24 GOMES, Josiane Araújo. **Contratos de Plano de Saúde**. A busca judicial pelo equilíbrio de interesses entre usuários e as operadoras de planos de saúde. Leme: JH Mizuno, 2016, p. 294.

> preexistente, tratamento experimental, prazo de carência etc. – cabe ao usuário comprovar que o plano de saúde contratado está incluso em segmentação que englobe a cobertura do procedimento médico-hospitalar necessário para o tratamento da doença por ele apresentada. Existindo esta cobertura, a requisição do procedimento médico-hospitalar pleiteado na demanda deve ter sido formulada pelo médico responsável pelo tratamento ao qual se submete o requerente. Observados todos esses pontos, em sede de cognição sumária, será possível ao magistrado formar convencimento acerca da provável existência do direito afirmado pelo usuário"[25].

A tutela poderá advir ainda de "hipótese de rescisão unilateral de contrato pela operadora", competindo ao "requerente/beneficiário trazer elementos que demonstrem a ilegalidade dessa conduta, notadamente por meio da comprovação do adimplemento das contraprestações pecuniá-

25 *Ibid. Id.*

rias e pela ausência de notificação sobre a extinção do vínculo contratual"[26].

Nos casos em que

> "o litígio dizer respeito a abusividade do reajuste aplicado às mensalidades, cabe ao usuário demonstrar que não foi informado sobre a incidência e a forma do reajuste – por meio da apresentação do instrumento contratual e do boleto de pagamento -, bem como expor o valor original pago e o valor reajustado"[27].

Todas estas situações

> "constituem, em princípio, flagrante vulneração do direito à saúde e, por consequência, do direito á vida e da dignidade da pessoa humana. De fato, verifica-se, nestas demandas, que a tutela pretendida apenas é capaz de alcançar sua máxima efetividade se deferida de

26 *Ibid.* p. 295.

27 GOMES, Josiane Araújo. **Contratos de Plano de Saúde**. A busca judicial pelo equilíbrio de interesses entre usuários e as operadoras de planos de saúde. Leme: JH Mizuno, 2016, p. 295.

> imediato, restando gravemente comprometida caso o usuário do plano de saúde tenha que aguardar pelo julgamento do mérito, pois, quando do seu advento, a doença da qual este é portador pode ter se agravado pela ausência do tratamento adequado, ou mesmo tornar-se irreversível, ou até, em situações extremas, levar o usuário ao óbito"[28].

Desta feita, "para serem pleiteadas tutelas diante das negativas dos planos de saúde, basta a probabilidade da existência do direito nos moldes destacados, porquanto a decisão a ser proferida deve se pautar, nitidamente, pela máxima preservação do direito à saúde do usuário, em razão da inerência do perigo de dano nessas demandas judiciais"[29].

Deferida a tutela pleiteada,

> "a determinação para o fornecimento da cobertura negada extrajudicialmente pela operadora, não significa que esta irá prestar serviços de forma irrestrita, pois apenas irá custear o tratamento

28 *Ibid.* p. 295-296.

29 *Ibid. Id.*

> adequado e eficaz para o combate da doença prevista na segmentação contratada, cumprindo, assim, a função essencial do contrato. Do mesmo modo, o restabelecimento do vínculo contratual rescindido unilateralmente ou a exclusão do reajuste aplicado também não quebram o equilíbrio contratual, na medida em que o usuário permanecerá adimplindo sua obrigação, o que lhe permitirá a utilização dos serviços a serem prestados pela operadora"[30].

Feitas estas ponderações, necessário se faz um maior detalhamento a respeito dos contratos de planos de saúde, consideradas suas generalidades e suas especificidades, a fim de que as situações de emergência, dentro do que dispõem, possam ser pleiteadas judicialmente, com a observância do que o ordenamento assegura a respeito dos contratos de plano de saúde e das emergências a ele coligadas, conforme se passará a expor.

---

30 GOMES, Josiane Araújo. **Contratos de Plano de Saúde**. A busca judicial pelo equilíbrio de interesses entre usuários e as operadoras de planos de saúde. Leme: JH Mizuno, 2016, p. 297.

2

DOS CONTRATOS DE SAÚDE PRIVADA E AS EMERGÊNCIAS POR ELES ASSEGURADAS

2.1. Generalidades

E Explanadas considerações a respeito das Tutelas de Urgência, necessário se faz o aclaramento a respeito do que diz a lei que regulamenta os planos de saúde privada, a fim de que em situações pontuais as referidas medidas possam ser pleiteadas judicialmente e sejam possivelmente revertidas as negativas de concessão de suas respectivas operadoras.

As operadoras dos planos de saúde "são entidades que captam os recursos fixos e variáveis das empresas, pessoas físicas e associações, e pagam a rede de prestadores conforme o atendimento é realizado. Basicamente as Operadoras recebem dinheiro das empresas e dos usuários, e pagam aos médicos, hospitais, laboratórios, clínicas, etc."[1], realizando o que pode ser chamado de operacionalização dos contratos dos planos de saúde firmados.

A Lei Federal nº 9656 de 03 de junho de 1998 é a que regulamente a saúde privada no Brasil e, por consequência, os contratos que a norteiam, sendo este diploma legal "direcionado para reger todas as atividades que envolvam a cobertura de riscos de assistência à saúde", bem como instrumento que "busca impedir que qualquer atividade realizada pelas operadoras de planos de saúde escape da fiscalização da Agência Nacional de Saúde Suplementar"[2].

Referida lei é ainda

> "responsável por trazer disciplina específica para os contratos de plano de saúde – dispondo sobre cobertura assistencial, abrangência dos planos, rede

1 PEREIRA, Pedro H. S. **O que é uma operadora de saúde?** Disponível em http://www.gestaodasaude.com.br/operadora-de-saude-conceito/>. Acesso em 04 de outubro de 2016.

2 GOMES, Josiane Araújo. **Contratos de Plano de Saúde**. A busca judicial pelo equilíbrio de interesses entre usuários e as operadoras de planos de saúde. Leme: JH Mizuno, 2016, p. 88.

> credenciada, procedimentos, e eventos de cobertura restringível, carências, doenças e lesões preexistentes -, bem como por normatizar o controle de ingresso, permanência e saída das operadoras do mercado e a matéria relativa à solvência e liquidez das operadoras"[3].

Os contratos de saúde privada são fiscalizados pela ANS – Agência Nacional de Saúde Suplementar, vinculada ao Ministério da Saúde[4], tendo em vista que "há grande heterogeneidade de práticas e de operadoras de saúde no mercado e, por isso, há a necessidade de ação da ANS em defesa do interesse público, estabelecendo regras que protejam todos os beneficiários de planos"[5].

A ANS – Agência Nacional de Saúde Suplementar "no exercício de sua função de re-

3 GOMES, Josiane Araújo. **Contratos de Plano de Saúde**. A busca judicial pelo equilíbrio de interesses entre usuários e as operadoras de planos de saúde. Leme: JH Mizuno, 2016, p. 89.

4 SAÚDE, Agência Nacional. Disponível em < http://www.ans.gov.br/>. Acesso em 04 de outubro de 2016.

5 VARELLA, Dráuzio e outro. **A saúde dos planos de saúde: os desafios da assistência privada no Brasil**. 1.ed. São Paulo: Paralela, 2014, p.30.

gulamentação do mercado de saúde suplementar, emite várias Resoluções-Normativas, com o intuito de inibir práticas lesivas aos usuários e promover a estabilidade do setor"[6]

Ao contratar um plano de saúde, opta-se pelo que é chamado de saúde suplementar, tendo em vista que no Brasil a saúde é um direito de todos e um dever do Estado[7], o que fica a encargo do Sistema Único de Saúde – SUS.

O contratante de um plano de saúde é aquele que, em situação de sua necessária utilização o fará na condição de paciente, e é tido pelo ordenamento jurídico vigente como consumidor.

Os contratos de saúde privada são tidos como contratos regulamentados pelo Código de Defesa do Consumidor[8], com especificidades inerentes à área, dentre as quais se ressaltam, *en passant*, a hipossuficiência do consumidor contratante diante da magnitude da operadora contratada e a inversão do ônus da prova, o que de forma

6 GOMES, Josiane Araújo. **Contratos de Plano de Saúde**. A busca judicial pelo equilíbrio de interesses entre usuários e as operadoras de planos de saúde. Leme: JH Mizuno, 2016, p. 89.

7 BRASIL. **Constituição da República Federativa do Brasil de 1998**. Artigo 196.

8 BRASIL. **Lei n.º 8.078**, de 11 de setembro de 1990.

simplificada significa dizer que caberá sempre à operadora do plano de saúde provar que o que o contratante alega é inverídico.

> "Constituem uma espécie de contrato civil, pois, apesar de serem caracterizados pela desigualdade entre os contratantes, enquadram-se no conceito geral de negócio jurídico, observando todos os seus requisitos de existência e de validade dispostos no art. 104 do Código Civil, bem como ao regramento da teoria geral dos contratos, disposto nos artigos 421 e seguintes do mesmo diploma legal. Outrossim, outros institutos disciplinados pelo Estatuto Civil são de grande importância nas relações jurídicas de plano de saúde, dentre os quais se destacam: direitos da personalidade – a saúde compõe o rol desses direitos, sendo pressuposto para a concretização dos demais, da pessoa jurídica, prescrição, decadência, dentre outros"[9].

9 GOMES, Josiane Araújo. **Contratos de Plano de Saúde**. A busca judicial pelo equilíbrio de interesses entre usuários e as operadoras de planos de saúde. Leme: JH Mizuno, 2016, p. 90.

São instrumentos tidos como

> "uma modalidade de contrato de consumo, conceituado este como o 'negócio pelo qual alguém que desenvolve atividade de forma profissional fornece produto ou presta serviço a um destinatário final, fático e econômico, denominado consumidor, mediante remuneração direta ou vantagens indiretas'"[10].

Aos contratos de plano de saúde incidem vários diplomas legais que podem, em determinado momento, conflitar, razão pela qual sobre eles deve incidir o diálogo das fontes, ou, em outras palavras, deve-se buscar a harmonia entre as disciplinas legais vigentes que lhes toque, "de forma a restaurar a coerência do sistema, re-

10 TARTUCE, Flávio. A teoria geral dos contratos de adesão no Código Civil. Visão a partir de da teoria do diálogo das fontes. In: MARQUES, Cláudia Lima (coord.) **Diálogo das fontes: do conflito à coordenação de normas do direito brasileiro.** São Paulo: Revista dos Tribunais, 2012, p. 205/232, p.219.

duzir sua complexidade e promover os valores constitucionais"[11].

Aos contratos de planos de saúde incidem o Código Civil,

> "haja vista serem encontradas, em seu texto, as noções de negócio jurídico, pessoa jurídica, prescrição, decadência, nulidade, etc., as quais são aplicadas perante todas as legislações especiais, dentre as quais se destaca, neste estudo, a Lei dos Planos de Saúde"[12].

Pode-se afirmar, quanto à aplicabilidade dos diplomas legais que

> "o Código Civil incide de forma complementar as disposições da Lei 9.656/98, na medida em que, além de trazer princípios fundamentais das relações contratuais – dos quais se

11 GOMES, Josiane Araújo. **Contratos de Plano de Saúde**. A busca judicial pelo equilíbrio de interesses entre usuários e as operadoras de planos de saúde. Leme: JH Mizuno, 2016, p. 94.

12 *Ibid.* p. 95.

> destacam as cláusulas gerais de boa-fé objetiva e da função social (arts. 421 e 422)-, também traz disciplina específica acerca dos contratos de adesão – dos quais o plano de saúde é uma espécie-, estabelecendo a interpretação mais favorável ao aderente em seu art. 423 e a nulidade de cláusula que estipule renúncia antecipativa do aderente a direito resultante da natureza do negócio em seu art. 424"[13].

À aplicabilidade do Código de Defesa de Consumidor aos contratos de plano de saúde

> "verifica-se não ser possível lhe fazer qualquer objeção, na medida em que referidas contratações constituem espécie de contrato de consumo, sendo o usuário do plano de saúde o consumidor, ou seja, a parte vulnerável da relação (art. 4º, I), cujo dever de proteção pelo Estado está consagrada no texto constitucional como direito fundamental (art. 5º, XXXII). Assim, por exemplo, a análise

13 *Ibid.* p. 96.

> da possível abusividade de determinada cláusula de contrato de plano de saúde pelo magistrado deve levar em consideração, além das disposições específicas da Lei nº 9.656/98, a disciplina acerca de cláusulas abusivas presentes no art. 51 do Código de Defesa do Consumidor, haja vista que referido texto legal consagra, dentre os direitos básicos do consumidor, a proteção contra práticas e cláusulas abusivas ou impostas ao fornecimento de produtos e serviços (art. 6º, IV)"[14].

Como consumidor, o paciente "entende que a saúde suplementar substitui o SUS, que ela é substitutiva e não suplementar. A pessoa não quer mais depender do SUS"[15].

Apesar de não ser exatamente assim, tendo em vista que algumas políticas de saúde são única

14 GOMES, Josiane Araújo. **Contratos de Plano de Saúde**. A busca judicial pelo equilíbrio de interesses entre usuários e as operadoras de planos de saúde. Leme: JH Mizuno, 2016, p. 96.

15 VARELLA, Dráuzio e outro. **A saúde dos planos de saúde: os desafios da assistência privada no Brasil**. 1.ed. São Paulo: Paralela, 2014, p.21.

e exclusivamente públicas, como vacinas e transplantes[16], por exemplo, o paciente / consumidor contratante precisa ter claro em seu contrato as situações emergenciais que lhe são garantidas quando optar pela adesão de um plano de saúde.

Ao aderir a um plano de saúde, firma-se um contrato tido como de prestação continuada, ou seja, um contrato que têm na indeterminação do prazo sua principal característica, desde que o consumidor cumpra sua obrigação de pagar o preço[17].

2.2. Conceito e Modalidades de Contratos de Plano de Saúde Privada

Por contratos de plano de saúde privada se entende ser "o negócio jurídico de prestação de serviços, por prazo indeterminado, de nítida natureza securitária – haja vista que somente são exigidos pelos beneficiários, caso venham a necessitar de algum exame / tratamento médico, ou seja, dependem de evento aleatório – por meio do qual, em face do pagamento de prestação mensal

16 *Ibid.* p.21.

17 BRASIL. **Lei Federal n.º 9.656**, de 03 de junho de 1998. Artigo 1º, inciso I.

pelo cliente/beneficiário, a operadora se obriga garantir o tratamento de saúde daquele, sempre que necessário"[18].

Dentro do que pode se fazer necessário, o

> "tratamento de saúde engloba, de acordo com o §1º do art. 1º da Lei nº 9.656/98, a garantia de cobertura financeira de riscos de assistência médica, hospitalar e odontológica, bem como outras características que diferenciem o contrato de plano de saúde de atividade exclusivamente financeira, tais como: a) custeio de despesas; b) oferecimento de rede credenciada ou referenciada; c) reembolso de despesas; d) mecanismos de regulação; e) qualquer restrição contratual, técnica ou operacional para a cobertura de procedimentos solicitados por prestador escolhido pelo consumidor; e f) vinculação de cobertura

18 GOMES, Josiane Araújo. **Contratos de Plano de Saúde**. A busca judicial pelo equilíbrio de interesses entre usuários e as operadoras de planos de saúde. Leme: JH Mizuno, 2016, p. 101.

financeira à aplicação de conceitos ou critérios médico-assistenciais"[19].

Os contratos de plano de saúde privada somente são suspensos ou cancelados se o consumidor a ele aderente atrasar seu pagamento em mais de 60 (sessenta) dias, e ainda assim este mesmo consumidor deve ser notificado previamente a respeito destas medidas até o 50º (quinquagésimo) dia[20] .

Podem ser classificados "sob três perspectivas: a) quanto ao momento da contratação; b) quanto ao regime de contratação; e c) quanto à cobertura assistencial contratada"[21].

Quanto ao momento da contratação, de forma sucinta, pode-se afirmar que "afigura-se, no mercado de saúde suplementar, a presença de duas espécies de contratos de planos de saúde: os planos antigos – firmados antes da vigência da

---

19 *Ibid.* p. 101/102.

20 CONSUMIDOR, Instituto de Defesa. Disponível em < http://www.idec.org.br/uploads/publicacoes/publicacoes/folheto-plano-saude.pdf>. Acesso em 04 de outubro de 2016.

21 GOMES, Josiane Araújo. **Contratos de Plano de Saúde**. A busca judicial pelo equilíbrio de interesses entre usuários e as operadoras de planos de saúde. Leme: JH Mizuno, 2016, p. 102.

Lei nº 9.656/98 – e os planos novos – firmados na vigência da Lei 9.656/98"[22], valendo ressaltar que

> "os planos antigos não estão submetidos às regras constantes da Lei nº 9.656/98, haja vista terem sido pactuados anteriormente à sua entrada em vigor e, por isso, são regidos pela legislação anterior especial aos seguros em geral (Decreto-Lei nº 73/66) e pelo Código de Defesa do Consumidor. Com efeito, conforme já visto, as disposições do Estatuto Consumerista são hábeis para que se efetive o controle de cláusulas e práticas abusivas realizadas pelas operadoras de planos de saúde, pois os contratos do ramo de saúde suplementar constituem nítidas relações de consumo"[23].

---

22 GOMES, Josiane Araújo. **Contratos de Plano de Saúde**. A busca judicial pelo equilíbrio de interesses entre usuários e as operadoras de planos de saúde. Leme: JH Mizuno, 2016, p. 104.

23 *Ibid. Id.*

Ainda neste diapasão, importante salientar que

> "dentre os planos de saúde novos, também estão presentes os planos adaptados. Referidos planos correspondem àqueles firmados anteriormente à Lei nº 9.656/98, mas que, após a sua entrada em vigor, por meio de aditivo contratual, se adaptaram às novas normas vigentes, as quais lhes serão inerentes a partir da adaptação. Referida possibilidade está prevista no art.35 da Lei nº 9.656/98, sendo que o seu §5º estabelece que a 'manutenção dos contratos originais pelos consumidores não-optantes tem caráter personalíssimo, devendo ser garantida somente ao titular e a seus dependentes já inscritos, permitida inclusão apenas de novo cônjuge e filhos e vedada a transferência de titularidade, sob qualquer pretexto, a terceiros"[24].

No tocante ao regime de contratação, este pode ser "de três espécies: a) individual ou fa-

24 *Ibid.* p. 104-105.

miliar; b) coletivo empresarial; ou c) coletivo por adesão"[25].

Por plano de saúde individual entende-se ser

> "aquele em que a contratação é firmada diretamente entre a operadora e o usuário pessoa física, ao qual pode ser facultada a inclusão de seus dependentes ou grupo familiar. Ressalta-se que a extinção do vínculo familiar do titular do plano de saúde não extingue o contrato, sendo assegurado aos dependentes já inscritos o direito à manutenção das mesmas condições contratuais, com a assunção das obrigações decorrentes (§1º, do art. 3º da Resolução Normativa nº 195/09)[26].

Uma das grandes polêmicas neste tipo de contrato são as doenças e lesões pré-existentes, também conhecidas comc DLP. No momento em

25 *Ibid. Id.*

26 GOMES, Josiane Araújo. **Contratos de Plano de Saúde**. A busca judicial pelo equilíbrio de interesses entre usuários e as operadoras de planos de saúde. Leme: JH Mizuno, 2016, p. 105.

que realiza a contratação de um plano, o adquirente precisar preencher um formulário informando sobre o seu conhecimento a respeito de doenças preexistentes.

Caso seja portador de alguma DLP, o adquirente precisa expressar esse fato e relacionar qual ou quais são as doenças e lesões que ele sabe ser portador nesse documento.

Caso não o faça, isso impactará nos custos, uma vez que as despesas aumentam significativamente, bem como nas situações emergenciais, uma vez que a cobertura do que se faça necessário pelo plano em caso de não informação de DLP no momento da adesão do plano gera um risco considerável de serem aquelas situações indeferidas pelo plano, não nos olvidando da dificuldade em se fazer prova para que sejam deferidas judicialmente se perseguidas para reverter-se o quadro.

Como especificidade a este tipo de plano tem-se que ele

> "diz respeito à possibilidade do contrato conter cláusula de agravo ou cobertura parcial temporária, em caso de doenças ou lesões preexistentes (art. 4º da Resolução Normativa nº 195/09 da ANS). Por doenças ou lesões preexisten-

> tes entendem-se aquelas que o beneficiário ou seu representante legal saiba ser portador ou sofredor no momento da contratação ou adesão ao plano privado de assistência à saúde, de acordo com o art. 11 da Lei nº 9.656/98, o inciso IX do art. 4º da Lei nº 9.961/00 e as diretrizes estabelecidas na Resolução Normativa nº 162, de 17/10/2007 (art. 2º, I da Resolução Normativa nº 162/07)"[27].

Sobre o plano coletivo empresarial, tem-se, de forma sincrética, que este

> "se caracteriza pela formação do vínculo contratual entre a operadora e outra pessoa jurídica, para o atendimento das pessoas que tenham com esta vínculo empregatício ou estatutário"[28], bem como que "o pagamento dos serviços prestados pela operadora é de respon-

---

27 GOMES, Josiane Araújo. **Contratos de Plano de Saúde**. A busca judicial pelo equilíbrio de interesses entre usuários e as operadoras de planos de saúde. Leme: JH Mizuno, 2016, p.106.

28 *Ibid. Id.*

> sabilidade da pessoa jurídica contratante (art. 8º da Resolução Normativa nº 195/09). Sendo o número de participantes igual ou superior a trinta beneficiários, não poderá ser exigido o cumprimento de prazos de carência e não poderá haver cláusula de agravo ou cobertura parcial temporária, nos casos de doenças ou lesões preexistentes, desde que, em ambas as hipóteses, o beneficiário formalize o pedido de ingresso em até trinta dias da celebração do contrato coletivo ou de sua vinculação à pessoa jurídica contratante (arts. 6º e 7º da Resolução Normativa nº 195/09)[29].

Tem-se ainda o

> "plano coletivo por adesão. Caracteriza-se pelo oferecimento de cobertura para população que mantenha vínculo com uma das seguintes pessoas jurídicas de caráter profissional, classista ou setorial: conselhos profissionais e entidades de classe, nos quais seja necessário o re-

29 *Ibid.* p. 106-107.

> gistro para exercício da profissão; sindicatos, centrais sindicais e respectivas federações e confederações; associações profissionais legalmente constituídas, cooperativas que congreguem membros de categorias ou classes de profissões regulamentadas; caixas de assistência e fundações de direito privado que se enquadrem nas disposições desta resolução; entidades previstas na Lei nº 7.395, de 31 de outubro de 1985, e na Lei nº 7.389, de 4 de novembro de 1985 (art. 9º da Resolução Normativa nº 195/09)"[30].

Nesta modalidade

> "é possível, desde que prevista contratualmente, a inclusão do grupo familiar do beneficiário titular, sendo até o terceiro grau de parentesco consanguíneo, até o segundo grau de parentesco por afinidade, e cônjuge ou companheiro

30 GOMES, Josiane Araújo. **Contratos de Plano de Saúde**. A busca judicial pelo equilíbrio de interesses entre usuários e as operadoras de planos de saúde. Leme: JH Mizuno, 2016, p. 107.

(art. 9º, §1º da Resolução Normativa nº 195/09). Não poderá ser exigido o cumprimento de prazos de carência, desde que o beneficiário ingresse no plano em até trinta dias da celebração do contrato coletivo ou, quando de cada aniversário do contrato, em até trinta dias da data de aniversário (art.11 da Resolução Normativa nº 195/90)"[31].

Pertinente ainda salientar que

"no plano coletivo por adesão, o pagamento dos serviços prestados pela operadora será de responsabilidade da pessoa jurídica contratante, sendo que a operadora contratada não poderá efetuar a cobrança da contratação pecuniária diretamente dos beneficiários (arts. 13 e 14 da Resolução Normativa nº 195/09). Destaca-se, ainda, que o contrato de plano privado de assistência à saúde coletivo por adesão deverá conter cláusula específica que discipline os casos de inadimplemento por parte

31 *Ibid.* p. 106.

dos beneficiários, bem como as condições e prazo de pagamento (art. 15 da Resolução Normativa nº 195/09)"[32].

Quanto à forma de custeio, os contratos de plano de saúde podem ser das "seguintes modalidades: 1) Prestações convencionadas ou sistema de assistência; 2) Regime de prestações indenizatórias ou sistema de reembolso; 3) Regime misto, que combina os dois regimes supra aludidos"[33].

Sobre os contratos firmados com prestações convencionadas ou sistema de assistência, pode-se afirmar que "o segurador dispõe de uma rede de prestadores de cuidados da saúde (rede convencionada) aos quais o utente (segurado) recorre, suportando apenas uma parte do preço com o cuidado recebido. O remanescente do preço ficará a cargo da entidade seguradora, que o liquidará integralmente ao prestador"[34].

---

32 *Ibid.* p. 107.

33 PEREIRA, André Gonçalo Dias. **Direitos dos Pacientes e responsabilidade médica**. Coimbra: Coimbra Editora, 2015, p. 681.

34 PEREIRA, André Gonçalo Dias. **Direitos dos Pacientes e responsabilidade médica**. Coimbra: Coimbra Editora, 2015,p. 682.

Já "no regime de prestações indenizatórias ou sistema de reembolso, o utente segurado escolhe livremente o prestador ao qual pretende recorrer e paga a totalidade das despesas com cuidados de saúde recebidos, sendo posteriormente reembolsado de uma parte delas pelo segurador"[35].

Todos os contratos firmados, em consonância com a Lei nº 9.656/98, devem, em apertada análise,

> "evidenciar com clareza os eventos 'cobertos e os excluídos'. Contudo, isso não significa que as operadoras detém ampla liberdade na definição de doenças e, por consequência, quais tratamentos médicos pretendem cobrir, na medida em que, conforme se depreende dos arts. 10 e 12 da Lei supracitada, o padrão de cobertura deverá observar, necessariamente, a Classificação Estatística Internacional de Doenças e Problemas Relacionados com a Saúde

35 *Ibid. Id.*

(CID) da Organização Mundial de Saúde (OMS)"[36].

Dentro do que estabelece a lei que regulamenta os planos de saúde privada e ainda em observância ao que diferencia o tipo de contrato de plano de saúde firmado, necessário se faz que os contratos sejam garantidores do que determina o referido diploma legal e o instrumento por ele vinculado, a fim de que se salvaguarde a vida e se cumpram todas as exigências médicas necessárias quando a vida do paciente estiver em perigo, nos casos tidos como emergenciais.

2.3. Emergência – Conceito

Antes de se explanar especificamente a respeito das emergências nos contratos de saúde privada, necessário se faz aclarar a respeito do conceito emergência.

Por emergência entende-se a situação em que se exige intervenção médica imediata, vez tratar-se da "constatação médica de condições de

36 GOMES, Josiane Araújo. **Contratos de Plano de Saúde**. A busca judicial pelo equilíbrio de interesses entre usuários e as operadoras de planos de saúde. Leme: JH Mizuno, 2016, p. 109.

agravo à saúde que impliquem em risco iminente de vida ou sofrimento intenso"[37].

Diante desta situação, o plano de saúde contratado pelo paciente não pode se negar a lhe fornecer o que se fizer necessário para amenizar os seus riscos de vida ou o sofrimento pelo que passa, tendo em vista que são considerados como instrumentos de resultado.

São assim considerados

> "porque se espera do fornecedor um fato ou um ato preciso, ou seja, um resultado independente dos esforços necessários para obtê-los. Se haverá a cura do consumidor, é incerto, entretanto a vinculação contratual entre consumidor e fornecedor de serviços consiste em interná-lo, tratá-lo e propiciar serviços de assistência médica ou hospitalar na sua rede ou simplesmente reembolsar a quantia despendida pelo consumidor"[38].

---

37 MEDICINA, Conselho Federal. **Resolução n.º 1451**, de 10 de março de 1995. Artigo 1ª, parágrafo 2º.

38 SOUZA, Amanda Thais Zanchi. **Os planos de saúde como contratos de consumo**. Disponível em http://www.direitonet.com.br/artigos/exibir/2060/Os-planos-de-saude-

O entendimento do médico acerca do que é necessário para a reversão de algumas destas situações é o que deve prevalecer, haja vista que é ele quem detém conhecimento técnico para tanto, uma vez que

> "utilizando a definição parsoniana de profissão, podemos dizer que profissões são sistemas de solidariedade cuja identidade é assegurada na competência técnica de seus membros, obtida em instituições de ensino credenciadas para este fim. Desta forma, profissionais são aqueles indivíduos que possuem domínio sobre um determinado conhecimento com forte racionalidade cognitiva aplicável em uma dada realidade. Nesta perspectiva, o conhecimento específico tem um realce particular, definindo condutas técnicas e áreas de aplicabilidade dessa base cognitiva"[39].

-como-contratos-de-consumo. Acesso em 04 de outubro de 2016.

39 MACHADO, Maria Helena. **A Profissão de Enfermagem no Século XXI**, citada por SOUZA, Neri Tadeu Camara. **Plano de saúde e tutela antecipada**. In: REVISTA BRASILEIRA DE ENFERMAGEM. Brasília – DF, v.52, n.4, p. 589-595,

Nestes casos

> "a emergência médica é muito diferente da medicina do posto de saúde, do consultório, do tratamento programado, quer seja ou não em hospitais, porque na emergência nós temos uma situação única em que a decisão médica e a decisão ética têm de ser imediatas. E esse imediatismo tem de estar pronto, portanto as pessoas que trabalham nesses locais têm de estar preparadas médica e eticamente dentro dos princípios médicos e éticos para dar um atendimento competente e um respeito aos direitos do paciente, que, por ser em um serviço de urgência, mais facilmente corre o risco de ser ameaçado" [40].

out/dez, 1999. Disponível em < http://www.ambito-juridico.com.br/site/?n_link=revista_artigos_leitura&artigo_id=1883&revista_caderno=7>. Acesso em 04 de outubro de 2016.

40 SOBANIA, Luís Carlos. **A Ética na Emergência**. Disponível em http://www.portalmedico.org.br/biblioteca_virtual/des_etic/15.htm>. Acesso em 04 de outubro de 2016.

O médico faz seu papel e cumpre com todas as obrigações que lhe são inerentes[41], mas muitas das vezes é o plano de saúde quem inviabiliza o tratamento necessário a ser realizado pelo paciente em casos emergenciais.

Por esta razão, necessária se faz a observância do que a lei que regulamenta os planos de saúde prevê para os casos de emergência, a fim de viabilizar, mediante a interposição judicial de Tutelas Provisórias, o cumprimento de todas as ordens médicas necessárias para afastar o risco iminente de morte e o sofrimento de que é vítima aquele que tem um direito que lhe é assegurado e negado por sua gestora de saúde privada.

2.4. Emergências nos Contratos de Saúde Privada

Para se configurar a emergência, de acordo com o que por ela se entende, conforme explanado, algumas observações devem ser feitas no tocante ao que dispõe a lei que regulamenta os

41 As responsabilidades médicas nos casos de emergência estão dispostas no **Código de Ética Médica, Resolução CFM 1931/09.**

contratos que norteiam os planos de saúde privada no Brasil[42].

Há de se observar que a carência na vigência dos contratos firmados em caso de emergência é de 24 (vinte e quatro) horas[43].

A lei ainda é clara em dizer que é obrigatória a cobertura do atendimento nos casos de emergência, como tal definidos os que implicarem risco imediato de vida ou de lesões irreparáveis para o paciente, caracterizado em declaração do médico assistente[44].

Assim, assinado o contrato, para que se tenha garantida qualquer medida que vise salvaguardar a vida ou amenizar o sofrimento pelo que passa o contratante, o lapso temporal transcorrido deve ser de 24(vinte e quatro) horas, conforme determina o ordenamento jurídico vigente, mas a cobertura do atendimento é indiscutivelmente obrigatória.

Oportuno salientar que a prática comum de se exigir cheque caução, nota promissória ou

---

42 BRASIL. **Lei n.º 9.656**, de 03 de junho de 1998.

43 BRASIL. **Lei n.º 9.656**, de 03 de junho de 1998. Artigo 12, inciso V, alínea c.

44 BRASIL. **Lei n.º 9.656**, de 03 de junho de 1998. Artigo 35-C, inciso I.

qualquer garantia quando o paciente dava entrada em algum hospital em situação emergencial e seu plano de saúde lhe negava cobertura, passou a ser tipificado como crime[45], sendo indevida a prática de qualquer destas condutas por qualquer que seja o ente que deva agir em situação emergencial.

Oportuno ainda ponderar que, ainda que exigido cheque-caução, por exemplo, mas prestado o serviço de emergência que se fazia necessário, segundo entendimento do Egrégio Superior Tribunal de Justiça, não há configuração de dano moral, sendo necessário ponderar cada situação se o caso de pretender-se a judicialização para apuração do que a ela deu ensejo[46].

---

45 BRASIL. **Lei n.º 12.653**, de 28 de maio de 2012. "Condicionamento de atendimento médico-hospitalar emergencial Art. 135-A. Exigir cheque-caução, nota promissória ou qualquer garantia, bem como o preenchimento prévio de formulários administrativos, como condição para o atendimento médico-hospitalar emergencial: Pena – detenção, de 3 (três) meses a 1 (um) ano, e multa. Parágrafo único. A pena é aumentada até o dobro se da negativa de atendimento resulta lesão corporal de natureza grave, e até o triplo se resulta a morte."

46 STJ. **RESP 1771308**. Ministra Nancy Andrighi – Terceira Turma. Data do Julgamento: 19/02/2019.

Havendo a necessidade de marcação de consultas, exames e quaisquer outros procedimentos, devem ser privilegiados os casos de emergência[47], mas como a espera costuma ser longa, a Agência Nacional de Saúde – ANS editou a Resolução Normativa nº 259[48], estabelecendo prazos máximos para atendimento pelas operadoras dos planos de saúde.

Têm prioridade na marcação de consultas, exames e quaisquer outros procedimentos as pessoas com mais de sessenta anos de idade, as gestantes, lactantes, lactentes e crianças até cinco anos, lembrando que alteração no Estatuto do Idoso prioriza as pessoas com oitenta anos ou mais[49] quando os agendamentos forem necessários à pessoas consideradas idosas.

---

47 BRASIL. **Lei n.º 9.656**, de 03 de junho de 1998. Artigo 18, inciso II.

48 BRASIL. **Resolução Normativa 259**, de 17 de junho de 2011. Disponível em < http://www.ans.gov.br/component/legislacao/?view=legislacao&task=TextoLei&format=raw&id=MTc1OA==>. Acesso em 04 de outubro de 2016.

49 VERDI, Natalia Carolina. **A prioridade legal dos octogenários**. Disponível em https://www.portaldoenvelhecimento.com.br/prioridade-legal-dos-octogenarios/. Consulta realizada em 18 de março de 2019.

Na impossibilidade de utilização dos serviços próprios, contratados, credenciados ou referenciados pelas operadoras, estas estão obrigadas a ressarcir o paciente/contratante de todas as despesas que ele vier a ter por conta desta intercorrência[50].

Como nem sempre estas questões são claras nos contratos acordados entre as operadoras de planos de saúde e os pacientes, surge o que é chamado de cláusulas abusivas, ou seja, "aquelas que colocam o consumidor em desvantagem nos contratos de consumo"[51], e que devem por esta mesma razão, ser declaradas nulas de pleno direito.

Exemplo neste sentido é cláusula que limite o tempo de internação hospitalar, medida hoje vetada por entendimento sumular do Egrégio Superior Tribunal de Justiça[52], por considerá-la abusiva.

---

50 BRASIL. **Lei n.º 9.656**, de 03 de junho de 1998. Artigo 12, inciso VI.

51 BRASIL. **Instituto Brasileiro de Defesa do Consumidor.** Disponível em < http://www.idec.org.br/consultas/dicas-e-direitos/o-que-sao-clausulas-abusivas>. Acesso em 04 de outubro de 2016,

52 JUSTIÇA, Superior Tribunal. **Súmula 302**. DJ 22/11/2004, p. 425.

Não há que se falar em uma cobertura ampla e irrestrita por parte dos planos de saúde, mas apenas e tão somente no cumprimento das medidas contratadas a fim de se salvaguardar situações emergenciais.

Não se enquadram nesta cobertura emergencial, conforme disposto na própria lei:

> "tratamento clínico ou experimental; tratamento de rejuvenescimento ou de emagrecimento com finalidade estética; tratamentos ilícitos ou antiéticos, assim definidos sob o aspecto médico, ou não reconhecidos pelas autoridades competentes; fornecimento de medicamentos para tratamento domiciliar, ressalvado o disposto nas alíneas 'c' do inciso I e 'g' do inciso II do art. 12; fornecimento de próteses, órteses e seus acessórios não ligados a ato cirúrgico; fornecimento de medicamentos importados não nacionalizados; procedimentos clínicos ou cirúrgicos para fins estéticos, bem como órteses e próteses para o mesmo fim; casos de cataclismos, guerras e comoções internas, quando declara-

> das pela autoridade competente; inseminação artificial"[53].

Inúmeras são as discussões judiciais a respeito do que não é coberto pelos planos de saúde, nas quais se alega em apertada síntese ser a vida bem de que não se pode dispor independentemente do que assegura um contrato. Todavia, estas celeumas não são objeto do presente trabalho, que objetiva apenas e tão somente evidenciar casos em que comprovadamente, de acordo com o que determina a lei que os regulamenta, deve ser por eles adimplido.

Ainda assim, como não se objetiva esgotar a temática abordada, os entendimentos jurisprudenciais poderão evidenciar a abrangência de questões que não são tratadas no presente trabalho, e servirão de norte ao que se faz necessário quando, inclusive, a legislação ao respeito do que se busca mostrar-se silente.

Desta forma, evidenciadas as situações emergenciais que devem ser cobertas pelos planos de saúde contratados, descartadas aquelas

53 VARELLA, Dráuzio e outro. **A saúde dos planos de saúde: os desafios da assistência privada no Brasil**. 1.ed. São Paulo: Paralela, 2014, p.93.

em que há incalculáveis discussões a respeito, a interposição das medidas de Tutela Provisórias se faz medida justa e acertada, a fim de se demonstrar, inclusive, a responsabilidade de todos os que têm o dever de amenizar a periclitante situação vivenciada por contratante/paciente que esteja em estado de emergência, que tem um direito garantido negado, e que busca judicialmente a reversão do quadro de saúde em que se encontra.

3

AS TUTELAS PROVISÓRIAS E AS NEGATIVAS DOS PLANOS DE SAÚDE – CONFIGURAÇÃO DE RESPONSABILIDADES

3.1. Considerações na Apreciação Judicial para Concessão das Tutelas

Como já exposto, ao firmar contrato com uma operadora de plano de saúde, o contratante que dele fará jus na condição de paciente, estabelece uma relação consumerista com aquela.

O contratante

> "pode ser considerado como um consumidor de serviços médicos. No contrato de prestação de serviços, o doente é um leigo que se apresenta perante um profissional, o médico, merecendo a

proteção das normas de proteção dos consumidores"[1].

Desta forma, em situação emergencial na qual o plano de saúde contratado pelo paciente age com negativa a lhe fornecer o que é indicado por seu médico para lhe salvaguardar a vida ou amenizar suas adversidades em saúde, a forma de reverter esta condição é acionar o Poder Judiciário pleiteando a concessão de uma Tutela, sem necessidade de se esperar o deslinde final e irrevogável de uma decisão definitiva.

Inúmeras são as questões levadas à apreciação do Poder Judiciário neste sentido quando os planos de saúde negam cobertura às solicitações médicas formuladas nos mais variados casos, como "credenciamento e descredenciamento, alcance e interpretação de cláusulas contratuais, pagamento ou recusa à cobertura".[2]

1 PEREIRA, André Gonçalo Dias. **Direitos dos Pacientes e responsabilidade médica**. Coimbra: Coimbra Editora, 2015, p. 411.

2 NETO, Miguel Kfouri Neto. **Responsabilidade Civil dos Hospitais – Código Civil e Código de Defesa do Consumidor.** São Paulo: Revista dos Tribunais 2ª ed, 2015, p. 389.

Ainda que seja praticamente unânime o entendimento de que em todas as questões inerentes às negativas dos planos de saúde haverá a incidência das normas regulamentadoras do Código de Defesa do Consumidor, em decorrência das especificidades dos contratos firmados algumas considerações devem ser feitas e algumas questões consideradas para sua aplicabilidade a cada caso *sub judice*.

Diante da negativa e de sua apresentação ao judiciário para pleitear a concessão da Tutela que se fizer necessária "o juiz, ao apreciar o pedido, basicamente verifica os seguintes pontos: 1. Existe relação contratual? 2. É urgente a proteção pleiteada? 3. Existe sério risco de vida?"[3]

Desta forma,

> "a relação contratual é comprovada por documento que demonstre estar o requerente filiado ao plano. Quanto à urgência, sempre há médico, cujo laudo instrui a petição inicial, afirma tal

3 NETO, Miguel Kfouri Neto. **Responsabilidade Civil dos Hospitais – Código Civil e Código de Defesa do Consumidor.** São Paulo: Revista dos Tribunais 2ª ed, 2015, p. 389.

> urgência. Então, entre o valor do bem jurídico a ser protegido – a vida – e eventual interesse econômico da prestadora, quase sempre o juiz defere o provimento requerido: determina a internação, as expensas do Plano, ou a cirurgia, o transplante, a quimioterapia – seja lá qual for o atendimento necessário a afastar o risco iminente de morte que ameaça o paciente. Essas decisões, quase sempre, consideram que o exame aprofundado de cláusulas contratuais – aquelas que excluem a cobertura reclamada – não é oportuna; que a quantia a ser despendida pelo Plano se destina à proteção da vida; e que, embora não se olvide o aspecto econômico, tal discussão deverá ser postergada para momento posterior"[4].

Assim, feitas estas observações judiciais, necessário se faz o aclaramento a respeito de como deve ser verificada a responsabilização dos envolvidos em uma situação emergencial, caso decorram dela consequências indesejáveis ao contratante / paciente.

4 *Ibid.* p.389 – 390.

Ao interpor qualquer ação, algumas observações devem ser feitas, no sentido de que, toda demanda visa apurar se houve a violação do direito dito como desrespeitado e quem deu causa a esta violação, bem como se quem faz tais afirmações tem capacidade para tanto.

Em uma situação emergencial, quando desrespeitado um contrato de plano de saúde, a alegação será exatamente a de que a seguradora do plano de saúde não cumpriu com o acordado entre ela e o paciente, bem como serão partes o médico e/ou o hospital em que se deu o fato do descumprimento do contrato, razão pela qual a verificação da forma como se deu a atuação de cada um para que se possa proceder às respectivas responsabilizações, é de suma importância.

Quando se pleiteia a concessão de uma Tutela, necessária se faz a demonstração de quem é o responsável pelo ato que a concessão da medida visa cessar, o qual será, ao final, será responsabilizado por sua conduta, na medida de seus atos.

3.2. Da Responsabilidade Médica

Quando se fala em emergência médica, uma das primeiras coisas que vem à mente é a figura do médico, aquele popularmente visto como salvador de vidas.

A relação médico-paciente é permeada por inúmeras especificidades, dentre as quais se destacam o dever de sempre prevalecer a vontade do paciente, após ter sido devidamente esclarecido e orientado pelo médico que cuida de seu estado de saúde a respeito de todas as alternativas procedimentais disponíveis para o seu caso e das consequências de suas escolhas.

Ocorre que, em uma situação emergencial, nem sempre é possível questionar ao paciente o que ele deseja, explicar a ele as medidas que serão adotadas para salvar-lhe a vida ou amenizar-lhe o sofrimento e nem tampouco as consequências de suas escolhas, uma vez que nas condições em que se encontra não dispõe de capacidade para discernir a respeito nem de uma coisa e nem de outra.

Afirma-se isso porque

> "é uma situação em que não é possível, em tempo útil, obter o consentimento do lesado ou de seus representantes legais e quando a demora na intervenção médico-cirúrgica ponha em perigo a vida ou leve a um agravamento do estado de saúde do doente"[5].

5 PEREIRA, André Gonçalo Dias. **Direitos dos Pacientes e responsabilidade médica**. Coimbra: Coimbra Editora, 2015, p. 521.

Neste diapasão, oportuno salientar que

> "O médico exercerá sua profissão com autonomia, não sendo obrigado a prestar serviços que contrariem os ditames de sua consciência ou a quem não deseje, excetuadas as situações de ausência de outro médico, em caso de urgência e ou emergência, ou quando sua recusa possa trazer danos à saúde do paciente"[6].

Assim, esclarecida a questão de que em uma situação emergencial o médico não pode escusar-se a atender um paciente com as devidas ponderações, a ponto de comprometer a saúde deste, necessário também ressaltar que, uma negativa de concessão por um plano de saúde do paciente não pode tolher do profissional as melhores técnicas a serem empregadas ao caso que a ele se apresente.

O médico

> "não pode, pois, ter a sua liberdade de eleição de condutas cerceada por restrições de caráter técnico, financeiro ou

6 BRASIL. **Resolução do Conselho Federal de Medicina n.º 1.931**, de 17 de setembro de 2009. Capítulo I, inciso VII.

administrativo, que resultem em claro prejuízo para o sucesso da terapia proposta. Sua independência técnica é soberana, quando comparada a outros critérios, especialmente econômicos. Claro, uma coisa é não existir equipamento adequado, ou condições econômicas que permitam a realização do exame, tratamento ou procedimento no local do atendimento; outra é – em estando presentes estas condições – o procedimento ser negado ou cerceado, por ser muito caro, sem se levar em conta sua necessidade e sua pertinência. Uma vez que a conduta indicada preencha os critérios técnicos, não possua nenhum constrangimento de ordem legal, e esteja em consonância com a boa prática médica, e com os protocolos recomendados para a situação em análise, não há como se permitir seu cerceamento"[7]

7 DANTAS, Eduardo e outro. **Comentários ao Código de Ética Médica: Resolução CFM n.º 1.931, de 17 de dezembro de 2009**. Rio de Janeiro: GZ Editora, 2010, p. 19.

Sabe-se que, muitas vezes, entre o pedido médico e o deferimento do que é apontado por ele como necessário para salvaguardar a vida do paciente ou amenizar-lhe o sofrimento, há, muitas vezes, um lapso temporal considerável, seja pela ausência de pronta disponibilidade do que é imprescindível ou porque a operadora do plano de saúde simplesmente se nega a fornecer o necessário.

Assim, não há que se afirmar de pronto que o médico negou-se a atender determinado paciente ou que demorou a fazê-lo, mas necessário se faz elucidar que muitas das vezes a demora se deu por culpa única e exclusiva das condições em que o atendimento médico se deu.

Cada situação será considerada com suas especificidades. Vale lembrar que por sua conduta, o médico será responsabilizado na esfera administrativa, onde se verifica se sua conduta está de acordo com o que determina o Código de Ética Médica[8]; na esfera civil, na qual se apura a culpa do profissional com a constatação do nexo causal entre o que foi praticado por ele e o resultado dito como insatisfatório; e na esfera criminal,

8 BRASIL. **Resolução do Conselho Federal de Medicina n.º 1.931**, de 17 de setembro de 2009.

situação em que haverá a apuração de eventual crime praticado pelo profissional.

Por esta razão, torna-se cabível salientar que a demora na intervenção médica, como uma atitude que lhe é única e exclusiva, a ponto de colocar em perigo ou levar ao agravamento do estado de saúde do doente deve ser provada, uma vez que "o médico responde, civilmente, por culpa provada. A responsabilidade do médico, portanto, enquanto profissional liberal é subjetiva e não pode ser presumida – a não ser em casos extremos".[9]

Desta forma, quando houver a negativa de um plano de saúde em atender a uma solicitação médica em uma situação emergencial, antes de se pleitear a concessão de qualquer Tutela envolvendo o médico na lide, necessário se faz averiguar o comportamento profissional adotado por ele na negativa guerreada judicialmente, as condições em que se deu, bem como o tipo de contrato firmado pelo paciente junto à sua operadora.

Por esta razão, necessário se faz comprovar a culpa do profissional na prática do ato que

---

9 NETO, Miguel Kfouri Neto. **Responsabilidade Civil dos Hospitais – Código Civil e Código de Defesa do Consumidor.** São Paulo: Revista dos Tribunais 2ª ed, 2015, p. 394.

lhe é imputado, em respeito ao que determina o Código de Defesa do Consumidor, neste mesmo sentido[10].

Se o plano de saúde agir com negativa e o contrato firmado pelo paciente assim o tiver sido por prestações convencionadas ou por sistema de assistência, será o caso

> "em que o Seguro de Saúde indica o prestador, parece que se deve colocar a hipótese de responsabilizar solidariamente a seguradora pelos danos causados. De acordo com a doutrina da *culpa in eligendo*, a seguradora responderia pelos danos causados ilicitamente pelo médico que esta tenha indicado"[11], ou seja, "embora o médico goze de autonomia técnica e esteja protegido pelo princípio deontológico da independência profissional, no plano externo ele surge face ao doente como um mero auxiliar da se-

10 BRASIL. **Lei Federal n.º 8.078**, de 11 de setembro de 1990. Artigo 14, §4º.

11 PEREIRA, André Gonçalo Dias. **Direitos dos Pacientes e responsabilidade médica**. Coimbra: Coimbra Editora, 2015, p. 682.

> guradora, a verdadeira face e o sujeito jurídico que contrata com o cidadão"[12]

No caso de uma contratação de um regime de prestações indenizatórias ou sistema de reembolso,

> "não parece haver qualquer fundamento a favor de uma eventual pretensão do paciente de demandar a seguradora. Ou seja, nos parece que esta possa ser responsabilizada por erro médico. Já se a seguradora tiver uma lista de médicos recomendados, pode incorrer em responsabilidade civil" [13].

Com estas observações, a responsabilização médica diante de uma negativa por uma seguradora de plano de saúde deve ser ponderada, pontuada e, se concretizada, levará ao pleito de Tutela que cessem os efeitos negativos dela decorrentes o quanto antes, salvaguardando-se a

---

12 *Ibid.* p. 682.

13 PEREIRA, André Gonçalo Dias. **Direitos dos Pacientes e responsabilidade médica**. Coimbra: Coimbra Editora, 2015, p. 683-684.

vida e amenizando-se os sofrimentos do paciente que a pleiteia, o qual, oportunamente, por si, por sua família ou seu representante legal, uma vez confirmada a responsabilidade do profissional, poderá patrocinar demandas nas esferas administrativa, cível ou criminal a desfavor do profissional.

3.3. Da Responsabilidade Hospitalar

Não há como falar em emergência em saúde sem se falar em hospital, local onde muitas das vezes as negativas de concessão pelos planos de saúde que foram contratados pelo paciente ocorrem é uma constante.

Termo de conceito amplo,

> "é necessário especificar que o vocábulo 'hospital' é aqui e doravante, empregado como sinônimo para instituições hospitalares, clínicas, policlínicas, sanatórios, prontos-socorros e todas as entidades constituídas para a prestação de serviços de atenção à saúde"[14].

---

14 DANTAS, Eduardo Vasconcelos dos Santos. **Direito Médico** 3ª ed. Rio de Janeiro: GZ Editora, 2014, p. 197.

Independentemente da conotação que se dê ao termo, importante ressaltar que

> "o contrato mantido entre o hospital e o paciente é, via de regra, diferente daquele mantido entre o profissional de saúde e o doente. A atividade dos estabelecimentos hospitalares é nitidamente de prestação de serviços, sejam eles programados ou de urgência, mas eminentemente voltados para a preservação ou recuperação da saúde"[15].

Sobre as situações em que a responsabilidade dos hospitais deve ser apurada, necessário se faz a observância de quais são suas obrigações.

As obrigações de um hospital

> "são muito claras: além de segurança (ao paciente e aos seus acompanhantes) e incolumidade física e mental compatíveis com o motivo da internação, acomodações apropriadas, serviços de telefonia e alimentação adequada, há

15 DANTAS, Eduardo Vasconcelos dos Santos. **Direito Médico** 3ª ed. Rio de Janeiro: GZ Editora, 2014, p. 198.

> ainda a obrigação de oferta de condições e recursos técnicos necessários aos fins anunciados da instituição, atendimento médico em emergência, equipes plantonistas no local e ambiente protegido contra o risco de infecções ordinárias. Há ainda obrigações de cunho não técnico, mas ético-jurídico, como a produção e guarda de documentação clínica adequada (prontuário), informação e esclarecimento em paciente sobre seu tratamento, bem como sigilo, preservando a relação médico x paciente"[16].

Uma vez firmado um contrato entre um hospital e um plano de saúde, o paciente que tiver por aquele negada cobertura de atendimento, comprovada a negativa, fará jus a ressarcimento pelos prejuízos sofridos e terá direito a pleitear, por Tutela, considerada a emergência da situação, a reversão da indevida ccação, ainda que só moral, por ele sofrida.

Desta monta, considerado o conceito amplo de hospital, pode-se afirmar que nas situações de "negativas indevidas de atendimento, atrasos

16 *Ibid.* p. 198.-199.

injustificáveis na realização de procedimentos, ou na própria internação, a troca de resultado de exames, causando apreensão (por vezes, humilhação e sofrimento mental), exigência do pagamento de caução quando proibido por lei, são exemplos de coação moral caracterizadores do inadimplemento contratual na relação, capaz de gerar o dever de indenizar, sem que nenhum dano físico tenha sido perpetrado"[17].

Por esta razão, afirma-se que:

> "Não é por outro motivo, que a doutrina é uníssona ao afirmar que do contrato de internamento decorre um dever de incolumidade, responsabilizando-se, por conseguinte, o estabelecimento hospitalar, pela inobservância do dever de prestar um serviço com qualidade e que atenda à legítima expectativa de seu destinatário. Em assim sendo, tendo em linha de conta, aludido dever de incolumidade inserto em todo contrato de internamento, sem a pretensão de sermos exaustivos, com o exclusivo intuito de apresentarmos uma

17 DANTAS, Eduardo Vasconcelos dos Santos. **Direito Médico** 3ª ed. Rio de Janeiro: GZ Editora, 2014, p.199.

classificação meramente didática, para melhor compreensão do tema, podemos decompor as seguintes obrigações decorrentes da internação: a) obrigação de hospedagem com o oferecimento de recursos que atendem ao especial fim do tratamento, assim compreendida tal obrigação como sendo a de oferecer aos internados um mínimo de recursos para atender às previsíveis complicações decorrentes do tratamento; b) obrigação de incolumidade propriamente dita, que vem a ser o dever de segurança imposto a fim de se evitar novas ofensas à saúde do paciente em decorrência dos serviços de enfermagem, uso de aparelhos e inexistência de ambiente esterilizado; c) obrigação de vigilância e segurança, obrigação essa que ganha especial relevância nos estabelecimentos psiquiátricos e, d) obrigação de documentação, sigilo e informação"[18].

18 ALMEIDA, Álvaro Henrique Teixeira. **Responsabilidade dos hospitais, clínicas e assemelhados – O contrato hospitalar"**. *In*: Temas de Direito Médico. Rio de Janeiro: Ed. Espaço Jurídico, 2005, p.172.

Oportuno ainda esclarecer que, em se tratando de paciente idoso, o Estatuto do Idoso estabelece ser seu direito ter um acompanhante, mas não ser seu dever[19]. A este paciente deve ser garantida a presença deste acompanhante se assim o desejar ou se assim determinar como necessário o médico por ele responsável.

Em existindo este acompanhante, é igualmente obrigação do hospital fornecer à pessoa que estiver nesta condição, recursos mínimos como hospedagem e alimentação, a fim de que permaneça no hospital cuidando daquele de quem é acompanhante.

As negativas de atendimento devem ser observadas com parcimônia, vez que poderão existir situações em que o hospital realmente não tem como realizar a internação, ainda que o plano de saúde do paciente assim o assegure, por absoluta inexistência de vagas, ocasião em que sua responsabilização deverá ser sopesada pelo Magistrado, caso acionado o Poder Judiciário para solução desta questão que a ele se apresenta.

---

19 VERDI, Natalia Carolina. **Saúde do Idoso – o direito a ter um acompanhante.** Disponível em https://www.portaldoenvelhecimento.com.br/saude-do-idoso-o-direito-a-ter-um-acompanhante/. Acesso em 18 de março de 2019.

Esta consideração é importante porque "em princípio, ninguém se obriga ao impossível. Somente circunstâncias do caso concreto poderiam definir se houve negligência do hospital"[20].

Outra observação importante a ser feita quando da interposição de uma Tutela para salvaguardar a vida ou amenizar o sofrimento do paciente em uma situação de emergência em um hospital, é o tipo de contrato firmado entre seu plano de saúde e a instituição em questão.

Haverá a situação em que

> "o paciente procura os serviços médicos do hospital, mantém com este um contrato integral, no qual a instituição se responsabiliza por todos os procedimentos médicos, cirúrgicos, anestésicos e todos os demais que venham a se fazer necessários, sejam a título de exames, consultas ou mesmo internação. Claramente, os profissionais que

20 NETO, Miguel Kfouri Neto. **Responsabilidade Civil dos Hospitais - Código Civil e Código de Defesa do Consumidor.** São Paulo: Revista dos Tribunais 2ª ed, 2015, p.137.

> atendem este paciente são prepostos da instituição"[21],

Nestes casos, a instituição é a responsável direta e objetivamente por seus atos, ressaltando-se a possibilidade de ressarcimento, comprovado ato médico equivocado, conforme explicitado em tópico anterior.

Há ainda

> "casos em que o paciente busca a atenção de um determinado profissional de saúde, que o acolhe ou atende no hospital em que pratica sua atividade, seja por vínculo direto, ou pertencendo ao quadro clínico de referência. É possível identificar, nesta situação, a mesma possibilidade de responsabilização (solidária ou direta, a critério do próprio paciente-consumidor), desde que vinculada à comprovação da conduta cul-

21 DANTAS, Eduardo Vasconcelos dos Santos. **Direito Médico** 3ª ed. Rio de Janeiro: GZ Editora, 2014, p. 201.

> posa do profissional que praticou o ato médico"[22].

Necessário ainda elucidar que

> "há o contrato de internamento, onde o paciente contrata o médico autonomamente, e este exerce sua prerrogativa de escolher o hospital adequado para o tratamento proposto, mesmo que com este último não mantenha nenhum tipo de vínculo formal. A responsabilidade do hospital, nestas situações, deve ser limitada apenas aos serviços paramédicos, sejam eles de guarda, incolumidade, serviços ambulatoriais e de enfermagem, perfeita capacidade de uso dos equipamentos, etc. O ato médico em si, foge à sua esfera de responsabilidade"[23].

Feitas estas considerações, necessário se faz, antes de se afirmar que a responsabilidade hospitalar é sempre direta e objetiva, ponderar

22 DANTAS, Eduardo Vasconcelos dos Santos. **Direito Médico** 3ª ed. Rio de Janeiro: GZ Editora, 2014, p. 201.

23 *Ibid.* p. 202.

as causas advindas da situação emergencial vivenciada pelo paciente.

Necessário se faz saber o histórico da relação estabelecida entre o médico que o atende e o hospital onde o fato emergencial ocorre, a fim de que, pleiteada a Tutela para revertê-lo, as partes indiscutivelmente inerentes a ele também sejam integrantes da lide interposta.

Afirma-se isso porque

> "as instituições hospitalares, ainda que respondam sem culpa (e dentro de determinadas condições), não podem responder sem causa. Uma coisa é a responsabilidade objetiva (que descarta o elemento culpa) e outra é a responsabilidade por culpa presumida, que melhor se coaduna com a intenção do legislador"[24].

Assim, pode-se dizer que

> "há duas modalidades diferentes de responsabilidade objetiva a ser aplicada às

24 DANTAS, Eduardo Vasconcelos dos Santos. **Direito Médico** 3ª ed. Rio de Janeiro: GZ Editora, 2014, p. 206.

> instituições hospitalares: aquela pela qual é diretamente vinculada (serviços ambulatoriais, de hospedagem, de enfermagem, etc.), onde o defeito na prestação do serviço que lhe é peculiar pode ser auferido, surgindo a partir daí o dever de indenizar, e aquela que pode ser classificada como responsabilidade objetiva diferida, existente em casos nos quais o dano ocorreu em virtude de um ato médico, uma vez que nesta situação, para que exista o dever de indenizar, se faz necessário, sim, a prova da culpa do profissional, em sendo ele empregado (preposto, e. portanto, subordinado à direção) da instituição, ou integrante de seu quadro clínico"[25].

Consideradas estas peculiaridades, a análise da intervenção judicial nas demandas inerentes ao tema em questão, se torna curial para elucidar ainda mais a respeito do que se aborda no presente trabalho, conforme se demonstrará a seguir.

---

25 KFOURI, Miguel. **Culpa médica e ônus da prova**. São Paulo: Revista dos Tribunais, 2002, p. 365. Apud., op., cit. p. 201.

4

AS NEGATIVAS DOS PLANOS DE SAÚDE EM SITUAÇÕES EMERGENCIAIS E O ENTENDIMENTO JURISPRUDENCIAL DO EGRÉGIO SUPERIOR TRIBUNAL DE JUSTIÇA

4.1. Considerações Gerais

Os tribunais brasileiros têm as decisões mais variadas, diversas sob alguns aspectos e unânimes sob outros, a depender da temática apresentada ao crivo de cada julgador, país afora.

Ao interpor uma ação judicial, ainda que em caráter tutelar, como já explicitado no presente trabalho, numa grande maioria de vezes ela tramitará por algumas instâncias, considerando os recursos que poderão advir das decisões proferidas em cada uma delas.

Por estas razões, no presente trabalho, relacionando a problemática das negativas dos planos de saúde diante de situações emergenciais, das quais aquele que vive esta realidade precisa de uma decisão judicial para revertê-la de maneira igualmente rápida, buscou-se o entendimento do Egrégio Superior Tribunal de Justiça, obre algumas questões, ressaltando-se que o referido Tribunal também não possui entendimento unânime, a depender da Turma Julgadora e de cada caso a ele apresentado.

As questões aqui asseveradas buscam elucidar o que tem decidido a Superior Instância a respeito do tema, a fim de nortear aquele que passa por situação emergencial de saúde e que se depara com uma negativa de seu plano de saúde o qual poderá respaldar o pleito a ser judicializado de acordo com o que se apresenta e por outras pesquisas no mesmo norte que venha a realizar a respeito.

Ao judicializar uma demanda por negativa de cobertura do plano de saúde frente a uma emergência em saúde, aquele que o faz busca reverter o quadro por ele vivenciado, requerendo haja uma condenação da operadora a cumprir o que fora entre eles acordado, bem como, muitas vezes, para que haja um reconhecimento judicial a respeito dos danos materiais e morais vivenciados pela situação que lhe toca.

Ao determinar o cumprimento dos contratos firmados, o juiz se atém ao conjunto probatório apresentado pela parte propositora da ação, em especial, de forma sincrética, o que se faz constar no termo firmado e guerreado e o relato médico que determinou a realização do procedimento negado, com a justificativa técnica pertinente, corroborados por laudos e exames complementares, por exemplo.

Reconhecida a obrigatoriedade de adimplemento ao contrato, resta ao Magistrado definir o valor do dano moral sofrido pelo autor da ação, valor este que deve ser já definido na ação interposta[1], bem como o reconhecimento de ressarcimento pelos prejuízos materiais sofridos, na mesma toada.

Diante das negativas e das situações emergenciais apresentadas,

> "há uma tendência jurisprudencial em condenar as operadoras de plano de saúde na hipótese de recusa de realização de exames ou procedimentos que estejam previstos na lei ou no contrato firmado entre as partes em decorrência dos reflexos psicológicos dessa conduta

1 BRASIL. **Lei Federal n.º 13.105**, de 16 de março de 2015, Artigo 292, inciso V.

> na esfera do indivíduo já fragilizado e combalido pela situação de agravo em sua saúde"[2].

Não há um consenso sobre os valores arbitrados, devendo, como dito, ser considerado cada caso emergencial que teve sua negativa de cobertura configurada pela inércia do Plano de Saúde em adimplir com o necessário, razão pela qual, as disposições a seguir se tornam elucidativas e não terminativas ao que se aborda.

4.2. Considerações sobre Julgados

A elucidação do que se expõe através da apresentação de alguns julgados visa corroborar com a possibilidade de concessão das tutelas a serem buscadas judicialmente diante das negativas dos planos de saúde em situações emergenciais que por eles deve ser acobertada, a se consubstanciar pelo que entende o Egrégio Superior Tribunal de

2 BARBUGIANI, Luiz Henrique Sormani. **Planos de Saúde. Doutrina, Jurisprudência e Legislação**. Coleção Direito Econômico/Coordenador Fernando Herren Aguilar. São Paulo: Saraiva, 2015, p. 78.

Justiça em casos análogos, a partir da vigência do Novo Código de Processo Civil[3].

4.2.1. Do prazo dos planos de saúde para cobertura de emergências

Como já dispusemos, a Lei nº 9.656/98 dispõe que a carência na vigência dos contratos firmados em caso de emergência é de 24(vinte e quatro horas)[4].

Assegura ainda, referido diploma legal, que

> "é obrigatória a cobertura do atendimento nos casos de emergência, como tal definidos os que implicarem risco imediato de vida ou de lesões irreparáveis para o paciente, caracterizado em declaração do médico assistente"[5], bem como nos casos "de urgência, assim entendidos os resultantes de acidentes

---

3 BRASIL. **Lei Federal n.º 13.105**, de 16 de março de 2015.

4 BRASIL. **Lei n.º 9.656**, de 03 de junho de 1998. Artigo 12, inciso V, alínea c.

5 BRASIL. **Lei n.º 9.656**, de 03 de junho de 1998. Artigo 35-C, inciso I.

pessoais ou de complicações no processo gestacional"[6].

Por esta razão, assegura-se que "a cláusula de carência do contrato de plano de saúde deve ser mitigada diante de situações emergenciais graves nas quais a recusa de cobertura possa frustrar o próprio sentido e razão de ser do negócio jurídico firmado"[7],

Assim, diante dos contratos firmados com as operadoras dos planos de saúde, é cediço que "é abusiva a cláusula contratual que estabelece prazo de carência para situações de emergência"[8],

---

6 BRASIL. **Lei n.º 9.656**, de 03 de junho de 1998. Artigo 35-C, inciso II.

7 BRASIL. Superior Tribunal de Justiça. **AgInt no AREsp 949288 / CE.** AGRAVO INTERNO NO AGRAVO EM RECURSO ESPECIAL 2016/0180440-0. Relator(a) Ministro ANTONIO CARLOS FERREIRA (1146). Órgão Julgador T4 – QUARTA TURMA. Data do Julgamento 20/10/2016. Data da Publicação/Fonte **DJe** 24/10/2016, citando AgInt no AREsp 892.340/SP, Rel. Ministro, LUIS FELIPE SALOMÃO, QUARTA TURMA, julgado em 09/08/2016, DJe16/08/2016.

8 BRASIL. Superior Tribunal de Justiça. **AgRg no AREsp 854954 / CE** AGRAVO REGIMENTAL NO AGRAVO EM RECURSO ESPECIAL 2016/0018079-4. Relator(a) Ministro MARCO AURÉLIO BELLIZZE. Órgão Julgador T3 – TERCEIRA TURMA. Data do Julgamento 24/05/2016. Data da Publicação/Fonte DJe 06/06/2016.

vez que a cláusula "não é considerada abusiva, desde que não obste a cobertura do segurado em casos de emergência ou urgência"[9].

A questão é sumulada pelo Superior Tribunal de Justiça[10] ao dispor que

> "a cláusula contratual de plano de saúde que prevê carência para utilização dos serviços de assistência médica nas situações de emergência ou de urgência é considerada abusiva se ultrapassado o prazo máximo de 24 horas contado da data da contratação".

Desta forma,

> "a recusa indevida da operadora de plano de saúde a autorizar o tratamento do segurado é passível de condenação por dano moral, uma vez que agrava a situ-

9 BRASIL. Superior Tribunal de Justiça. **AgInt no AREsp 833977 / DF** AGRAVO INTERNO NO AGRAVO EM RECURSO ESPECIAL 2015/0323044-5. Relator(a) Ministro PAULO DE TARSO SANSEVERINO. Órgão Julgador T3 - TERCEIRA TURMA. Data do Julgamento 01/09/2016.Data da Publicação/Fonte DJe 12/09/2016.

10 BRASIL. Superior Tribunal de Justiça. Súmula 597.

> ação de aflição e angústia do segurado, comprometido em sua higidez físico-psicológica pela enfermidade"[11], vez que se "há recusa de cobertura por parte da operadora do plano de saúde para tratamento emergencial, não se trata apenas de mero aborrecimento"[12].

4.2.2. Do Reembolso em Casos de Urgência e de Emergência

É característica nos contratos de planos de saúde que

> "a estipulação contratual que vincula a cobertura contratada aos médicos e hos-

11 BRASIL. Superior Tribunal de Justiça. **AgInt no AREsp 949288 / CE**. AGRAVO INTERNO NO AGRAVO EM RECURSO ESPECIAL 2016/0180440-0. Relator(a) Ministro ANTONIO CARLOS FERREIRA. Órgão Julgador T4 – QUARTA TURMA. Data do Julgamento 20/10/2016. Data da Publicação/Fonte DJe 24/10/2016.

12 BRASIL. Superior Tribunal de Justiça. **AgInt no AREsp 912662 / SP.** AGRAVO INTERNO NO AGRAVO EM RECURSO ESPECIAL 2016/0113657-7. Relator(a) Ministro RAUL ARAÚJO. Órgão Julgador T4 – QUARTA TURMA. Data do Julgamento 06/09/2016.Data da Publicação/Fonte DJe 21/09/2016.

pitais de sua rede ou conveniados é inerente a esta espécie contratual e, como tal, não encerra, em si, qualquer abusividade. Aliás, o sinalagma deste contrato está justamente no rol de diferentes níveis de qualificação de profissionais, hospitais e laboratórios próprios ou credenciados postos à disposição do consumido, devidamente especificados no contrato, o qual será determinante para definir o valor da contraprestação a ser assumida pelo aderente. Por consectário, quanto maior a quantidade de profissionais e hospitais renomados, maior será a prestação periódica expendida pelo consumidor, decorrência lógica, ressalta-se, dos contratos bilaterais sinalagmáticos"[13].

Nesta linha considera o ordenamento vigente, dispondo que

13 BRASIL, Superior Tribunal de Justiça. **REsp 1286133/MG** RECURSO ESPECIAL 2011/0241035-4. Relator(a) Ministro MARCO AURÉLIO BELLIZZE. Órgão Julgador T3 – TERCEIRA TURMA. Data do Julgamento 05/04/2016. Data da Publicação/Fonte DJe 11/04/2016.

> "deve haver reembolso, em todos os tipos de produtos, nos limites das obrigações contratuais, das despesas efetuadas pelo beneficiário com assistência à saúde, em casos de urgência ou emergência, quando não for possível a utilização dos serviços próprios, contratados, credenciados ou referenciados pelas operadoras, de acordo com a relação de preços de serviços médicos e hospitalares praticados pelo respectivo produto, pagáveis no prazo máximo de trinta dias após a entrega da documentação adequada" [14].

Considerada esta disposição legal, tem-se que o ressarcimento por parte dos planos de saúde nestes casos ocorre "apenas em casos excepcionais: situação de urgência ou emergência, inexistência de estabelecimento credenciado no local e/ou impossibilidade de utilização dos serviços próprios da opera-

---

14 BRASIL. **Lei n.º 9.656**, de 03 de junho de 1998. Artigo 12, inciso VI.

dora em razão de recusa injustificada, entre outros"[15].

Desta forma,

> "nos casos de urgência e emergência, em que não se afigurar possível a utilização dos serviços médicos, próprios, credenciados ou conveniados, a empresa de plano de saúde, mediante reembolso, responsabiliza-se pelos custos e despesas médicas expendidos pelo contratante em tais condições, limitada, no mínimo, aos preços de serviços médicos e hospitalares praticados pelo respectivo produto"[16].

---

15 BRASIL. Superior Tribunal de Justiça **AgInt no AgRg no AREsp 476411 / CE** AGRAVO INTERNO NO AGRAVO REGIMENTAL NO AGRAVO EM RECURSO ESPECIAL 2014/0032957-4.Relator(a) Ministro MARCO BUZZI (1149). Órgão Julgador T4 – QUARTA TURMA. Data do Julgamento 08/11/2016. Data da Publicação/Fonte DJe 18/11/2016.

16 BRASIL. Superior Tribunal de Justiça. **EDcl no REsp 1286133 / MG.** EMBARGOS DE DECLARAÇÃO NO RECURSO ESPECIAL 2011/0241035-4. Relator(a) Ministro MARCO AURÉLIO BELLIZZE. Órgão Julgador T3 – TERCEIRA TURMA. Data do Julgamento 16/08/2016. Data da Publicação/**Fonte DJe** 22/08/2016.

Esta afirmativa advém do fato de que "o contrato de plano de assistência à saúde tem como regra a limitação do seu usuário à utilização das coberturas de custos de tratamento médico e atendimentos médico e hospitalar por profissionais e rede de hospitais credenciados ou próprios, quando houver"[17].

Assim, ao se cogitar a respeito da abusividade das cobranças, há de se ressaltar que "eventual abusividade na limitação do reembolso de despesas médicas por tratamento realizado por médico e hospital não credenciados demanda a interpretação de cláusula contratual e o reexame do conjunto fático-probatório dos autos"[18].

---

17 BRASIL. Superior Tribunal de Justiça. **REsp 1392560/PE**. RECURSO ESPECIAL 2013/0221332-8. Relator(a) Ministro JOÃO OTÁVIO DE NORONHA. Órgão Julgador T3 – TERCEIRA TURMA. Data do Julgamento 09/08/2016. Data da Publicação/Fonte DJe 06/10/2016.

18 BRASIL. Superior Tribunal de Justiça. **AgRg no REsp 1504979 / RJ.**AGRAVO REGIMENTAL NO RECURSO ESPECIAL 2014/0301826-1.Relator(a) Ministro MOURA RIBEIRO. Órgão Julgador T3 – TERCEIRA TURMA. Data do Julgamento 05/05/2016. Data da Publicação/Fonte DJe 13/05/2016.

Esta afirmativa decorre do fato de que

> "a vinculação do usuário à rede credenciada do plano de saúde contratado é absolutamente consentânea a esta espécie contratual, cuja contraprestação a ela é proporcional, a respeitar o sinalagma do ajuste sob comento. Com o mesmo norte, nos casos em que não se afigurar possível a utilização dos serviços credenciados, como é o caso das situações emergenciais, a Lei n. 9.656/98, em seu art. 12, VI, limita o reembolso aos preços e tabelas efetivamente contratados com o Plano de Saúde"[19].

4.2.3. Da Marcação de Consultas e da Realização de Exames e de Outros Procedimentos

A "marcação de consultas, exames e quaisquer outros procedimentos deve privilegiar os

19 BRASIL. Superior Tribunal de Justiça. **EDcl no REsp 1286133 / MG.** EMBARGOS DE DECLARAÇÃO NO RECURSO ESPECIAL 2011/0241035-4. Relator(a) Ministro MARCO AURÉLIO BELLIZZE. Órgão Julgador T3 – TERCEIRA TURMA. Data do Julgamento 16/08/2016. Data da Publicação/Fonte DJe 22/08/2016.

casos de emergência ou urgência, assim como as pessoas com mais de sessenta e cinco anos de idade, as gestantes, lactantes, lactentes e crianças até cinco anos"[20].

Esta é uma questão que demanda infinitas discussões judiciais acerca do que deve ser coberto pelos planos de saúde, uma vez que, como a questão levada à baila para apreciação do Poder Judiciário é a vida, muitos julgadores acabam por deferir e autorizar toda e qualquer medida que a salvaguarde.

Buscam-se judicialmente medicamentos, procedimentos e equipamentos à saúde que muitas vezes não possuem regulamentação vigente no ordenamento pátrio, causando inúmeras discussões sobre o que deve ou não ser custeado pelas operadoras quando se fizerem necessários.

Neste tocante, acerca destas infinitas discussões judiciais têm-se, por exemplo, a disposição de que "os incisos I e IV do art. 10 da Lei nº 9.656/98 preveem como hipóteses de exclusão de cobertura o tratamento clínico ou cirúrgico experimental e o fornecimento de medicamentos importados não nacionalizados, os quais são regu-

20 BRASIL. **Lei n.º 9.656**, de 03 de junho de 1998. Artigo 18, inciso II.

lamentados pela Resolução Normativa nº 387/15, em seu art. 20, §1º, incisos I e V"[21], da ANVISA – Agência Nacional da Vigilância Sanitária.

Tem-se que

> "não podem as operadoras ser obrigadas a disponibilizar tratamentos que ainda não foram submetidos ao crivo dos órgãos responsáveis, pela avaliação da capacidade curativa em prol dos pacientes. Tal exclusão de cobertura visa proteger tanto a operadora quanto o usuário, pois, para aquela, evita a possível atribuição de responsabilidade por qualquer ofensa à saúde que possa decorrer da adoção de tratamento ainda não reconhecido (art. 14 c/c art. 20 do Código de Defesa do Consumidor), enquanto que, para este, impede a sua submissão a procedimentos médicos ainda não confiáveis o bastante

---

21 GOMES, Josiane Araújo. **Contratos de Plano de Saúde**. A busca judicial pelo equilíbrio de interesses entre usuários e as operadoras de planos de saúde. Leme: JH Mizuno, 2016, p. 206.

para assegurar que sua saúde não será prejudicada"[22].

Por esta razão entende-se que

> "a prestadora de serviços de plano de saúde está obrigada ao fornecimento de tratamento de saúde a que se comprometeu por contrato, pelo que deve fornecer os medicamentos necessários à recuperação da saúde do contratado. Contudo, essa obrigação não se impõe na hipótese em que o medicamento recomendado seja de importação e comercialização vetada pelos órgãos governamentais. Não pode o Judiciário impor a prestadora de serviços que realize ato tipificado como infração de natureza sanitária, previsto na Lei n. 6.360, art. 66, pois isso significaria, em última análise, a vulneração do princípio da legalidade previsto constitucionalmente"[23].

22 *Ibid.* p. 220-221.

23 BRASIL. Superior Tribunal de Justiça. **AgRg no REsp 1425197 / DF** AGRAVO REGIMENTAL NO RECURSO ESPECIAL 2013/0409001-5. Relator(a) Ministro LUIS FELI-

Esta questão é emblemática. Exemplifica-se que

> "o art. 10 da Lei nº 9.656/98, traz como hipótese de exclusão de cobertura a inseminação artificial (inciso III), a qual constitui técnica de reprodução assistida que inclui a manipulação de oócitos e esperma para alcançar a fertilização, por meio de injeções de esperma intracitoplasmáticas, transferência intrafalopiana de gameta, doação de oócitos, indução da ovulação, concepção póstuma, recuperação espermática ou transferência intratubária de zigoto, entre outras técnicas (art. 20, § 1º, III, da Resolução Normativa nº 387/15)"[24].

Tem-se que "a Lei 9.656/98, em seu artigo 35-C, III, determina ser obrigatória a cobertura de

PE SALOMÃO. Órgão Julgador T4 – QUARTA TURMA. Data do Julgamento 03/12/2015. Data da Publicação/Fonte DJe 10/12/2015.

24 GOMES, Josiane Araújo. **Contratos de Plano de Saúde**. A busca judicial pelo equilíbrio de interesses entre usuários e as operadoras de planos de saúde. Leme: JH Mizuno, 2016, p. 212.

atendimento no caso de planejamento familiar, o qual, segundo o art. 226, § 7º da Constituição Federal de 1988, é de 'livre decisão do casal'"[25], porém, segundo entendimento jurisprudencial, não há obrigatoriedade dos planos de saúde em custear procedimentos como inseminação artificial para garantir este direito[26].

Com relação à utilização de medicamentos, tem-se que

> "podem ser excluídos da cobertura do plano de saúde os medicamentos a serem administrados pelo próprio usuário, em local diverso do ambiente ambulatório-hospitalar. A razão dessa excludente reside na própria definição do plano privado de assistência à saúde, pois este constitui nítido contrato de prestação de serviços, não sendo, pois, contrato de fornecimento de produtos. Logo, os medicamentos a serem disponibilizados

25 *Ibid.* p. 213.

26 BRASIL. Superior Tribunal de Justiça. **REsp 1713429 / SP.** RECURSO ESPECIAL 2017/0310782-1. Relator(a) Ministra NANCY ANDRIGHI. Órgão Julgador T3 – TERCEIRA TURMA. Data do Julgamento 21/08/2018. Data da Publicação/Fonte DJe 24/08/2018.

> pela operadora são aqueles utilizados nos procedimentos de diagnósticos e médico-cirúrgicos inclusos na segmentação contratada, restando excluídos os fármacos prescritos para momento posterior à alta hospitalar, caso contrário equilíbrio econômico financeiro da avença seria seriamente comprometido, em razão da imposição às operadoras de um custeio muito superior às mensalidades pagas pelos usuários"[27].

Porém, neste tocante, alguns medicamentos precisam, efetivamente, ser utilizados fora do ambiente hospitalar para a manutenção da própria vida, o que leva o Judiciário a deferir-lhes a obrigatoriedade de fornecimento, entendendo-se que "a exclusão da cobertura do produto farmacológico nacionalizado e indicado pelo médico assistente, de uso ambulatorial ou hospitalar e sem substituto eficaz, para o tratamento da enfermidade significaria negar a própria essência

---

27 GOMES, Josiane Araújo. **Contratos de Plano de Saúde**. A busca judicial pelo equilíbrio de interesses entre usuários e as operadoras de planos de saúde. Leme: JH Mizuno, 2016, p. 216.

do tratamento, desvirtuando a finalidade do contrato de assistência à saúde"[28].

Outra questão de muitas discussões acerca da cobertura pelos planos de saúde é a que se refere ao fornecimento de órteses, próteses e seus acessórios não ligados ao ato cirúrgico.

Esta cobertura é obrigatória quando

> "vinculadas ao ato cirúrgico ou a tratamento que possua finalidade curativa e/ou reparadora, excluindo-se a finalidade estética, conforme previsto no art. 10, II da Lei nº 9.656/98. A razão de ser de referida obrigatoriedade reside na essencialidade desses materiais para o êxito dos procedimentos médicos aos quais o usuário é submetido, os quais constituem, assim, os meios para a efetiva prestação dos serviços de assistência à saúde"[29].

---

28 BRASIL. Superior Tribunal de Justiça. **REsp 1481089 / SP.** RECURSO ESPECIAL 2014/0225534-0. Relator(a) Ministro RICARDO VILLAS BÔAS CUEVA. Órgão Julgador T3 – TERCEIRA TURMA. Data do Julgamento 01/12/2015. Data da Publicação/Fonte DJe 09/12/2015.

29 GOMES, Josiane Araújo. **Contratos de Plano de Saúde**. A busca judicial pelo equilíbrio de interesses entre usuários e as operadoras de planos de saúde. Leme: JH Mizuno, 2016, p. 218.

Por esta razão, assevera-se que

> "é nula a cláusula contratual que exclua da cobertura órteses, próteses e materiais diretamente ligados ao procedimento cirúrgico a que se submete o consumidor"[30], a qual, configurada, deflagra "abusiva e enseja reparação por dano moral a cláusula contratual que exclui da cobertura do plano de saúde o custeio de prótese necessária ao pleno restabelecimento da saúde do segurado, em procedimento cirúrgico coberto pelo plano, uma vez que agrava a situação de aflição psicológica e de angústia no espírito do segurado"[31].

---

30 BRASIL. Superior Tribunal de Justiça. **AgRg no AgRg no REsp 1513505 / RS** AGRAVO REGIMENTAL NO AGRAVO REGIMENTAL NO RECURSO ESPECIAL 2015/0024065-0. Relator(a) Ministro MOURA RIBEIRO. Órgão Julgador T3 – TERCEIRA TURMA. Data do Julgamento17/03/2016. Data da Publicação/Fonte DJe 29/03/2016.

31 BRASIL. Superior Tribunal de Justiça. **AgRg no REsp 1388419 / PR.** AGRAVO REGIMENTAL NO RECURSO ESPECIAL 2013/0199570-1. Relator(a) Ministro RAUL ARAÚJO. Órgão Julgador T4 – QUARTA TURMA. Data do Julgamento 08/03/2016. Data da Publicação/Fonte DJe 17/03/2016.

Há ainda dispositivo legal a respeito da "hipótese de exclusão de cobertura elencada pelo art. 10 da Lei 9.656/10, nos casos de cataclismos, guerras e comoções internas, quando declarados pela autoridade competente (inciso X)"[32].

Justifica-se esta negativa por

> "simples aferição: manter o equilíbrio econômico-financeiro do contrato. Com efeito, ao ser firmada a relação contratual, não é considerada a possibilidade de ocorrência de cataclismos, guerras e comoções internas, riscos estes, pois, que não compõem a definição das contribuições pecuniárias a serem pagas pelos usuários, as quais formam o fundo comum destinado ao custeio dos serviços médico-hospitalares cobertos. Caso as operadoras fossem obrigadas a cobrir os procedimentos vinculados a tais eventos imprevisíveis, estar-se-ia lhes imputando prestação excessivamente

32 GOMES, Josiane Araújo. **Contratos de Plano de Saúde**. A busca judicial pelo equilíbrio de interesses entre usuários e as operadoras de planos de saúde. Leme: JH Mizuno, 2016, p. 221.

> onerosa, totalmente ofensiva à existência do contrato"[33].

No tocante a ponto de inesgotável contenda, surge a questão das doenças pré-existentes, ressaltando-se que no que se refere a elas,

> "após o transcurso de vinte e quatro meses, de vigência do contrato de plano de saúde, não pode a operadora se negar a fornecer ou a custear a realização de procedimento médico-hospitalar sob a justificativa de preexistência da doença, pois tal aspecto não mais influencia no cumprimento das prestações contratadas. Vale dizer, decorrido o prazo de dois anos, contados do início da vigência da relação contratual, a cobertura contratada se torna ampla e total, independente do momento de instalação da enfermidade"[34].

---

33 *Ibid.* p. 221-222.

34 GOMES, Josiane Araújo. **Contratos de Plano de Saúde**. A busca judicial pelo equilíbrio de interesses entre usuários e as operadoras de planos de saúde. Leme: JH Mizuno, 2016, p. 225.

Entrementes,

> "se durante os primeiros vinte e quatro meses de vigência do contrato de plano de saúde, vier a se manifestar alguma doença do usuário que a operadora considere ser existente desde antes da contratação, caberá a esta, caso queira excluir da cobertura do tratamento, comprovar a preexistência da moléstia e o seu conhecimento pelo usuário no momento pré-contratual. Na hipótese de o usuário desconhecer que é portador de alguma doença e não tendo sido submetido pela operadora a qualquer exame médico antes de permitir a sua adesão ao contrato, deverá arcar com o fornecimento e os custos do tratamento necessário, mesmo antes do término dos dois primeiros anos de vigência da relação contratual[35]".

Neste sentido, apreende-se que "a exigência da realização de prévio exame médico para que a seguradora se oponha ao pagamento da inde-

35 *Ibid.* p. 230.

nização prevista na apólice de seguro, sob a alegação de doença pré-existente, não se aplica nas hipóteses em que ficar comprovado que o contrato foi celebrado de má-fé pelo segurado"[36].

O mesmo vale para os casos de justifica no tocante "ao argumento de se tratar de doença pré-existente, quando a administradora do plano de saúde não se precaveu mediante realização de exames de admissão no plano"[37].

Há ainda que se considerar que, neste mesmo sentido que há "a possibilidade de o plano de saúde estabelecer as doenças que terão cobertura, mas não o tipo de procedimento utilizado para o tratamento de cada uma delas"[38].

---

36 BRASIL. Superior Tribunal de Justiça. **AgRg no REsp 1215413 / MT** AGRAVO REGIMENTAL NO RECURSO ESPECIAL 2010/0178689-6. Relator(a) Ministra MARIA ISABEL GALLOTTI. Órgão Julgador T4 – QUARTA TURMA. Data do Julgamento 07/08/2014. Data da Publicação/Fonte **DJe** 20/08/2014.

37 BRASIL. Superior Tribunal de Justiça. **REsp 980326 / RN** RECURSO ESPECIAL 2007/0195089-0 Relator(a) Ministro LUIS FELIPE SALOMÃO. Órgão Julgador T4 – QUARTA TURMA. Data do Julgamento 01/03/2011. Data da Publicação/Fonte DJe 04/03/2011.

38 BRASIL. Superior Tribunal de Justiça. **AgInt no AREsp 901638 / DF** AGRAVO INTERNO NO AGRAVO EM RECUR-

Todas estas questões refletem um

> "verdadeiro dilema envolvendo os interesses dos contratantes: de um lado, a operadora, ao administrar o plano de saúde, busca a crescente obtenção do lucro; de outro lado, o usuário, ao aderir a contrato de plano de saúde, espera ter acesso aos serviços médico-hospitalares que, por ventura, vier a necessitar. Referida situação assume maior complexidade considerando a natureza existencial do objeto avençado – que se traduz na necessidade de proteção do direito fundamental à saúde -, bem como a posição de submissão contratual ocupada pelo usuário – pois este apenas adere ao contrato previamente elaborado e disponibilizado no mercado pela operadora, acatando, pois, as imposições

---

SO ESPECIAL 2016/0095282-8. Relator(a) Ministro MARCO AURÉLIO BELLIZZE. Órgão Julgador T3 – TERCEIRA TURMA. Data do Julgamento 06/10/2016. Data da Publicação/Fonte DJe 20/10/2016.

> realizadas por esta ao longo de toda a vigência da relação obrigacional"[39].

Por esta razão, a cada demanda judicial

> "emerge a possibilidade de se atribuir ao magistrado a tarefa de intervir na interpretação e na integração dos negócios jurídicos, de modo a permitir o alcance da sua finalidade econômico-social, pela harmonização das pretensões das partes envolvidas somada à adequada e efetiva aplicação das normas legais incidentes na espécie. Assim, o magistrado transforma-se de mero expectador em agente ativo perante o conteúdo obrigacional, pois deve proporcionar a consecução da operação econômica pela promoção do equilíbrio das prestações, visando extirpar do texto contratual qualquer abusividade que onere, demasiadamente a parte hipossuficiente da

---

39 GOMES, Josiane Araújo. **Contratos de Plano de Saúde**. A busca judicial pelo equilíbrio de interesses entre usuários e as operadoras de planos de saúde. Leme: JH Mizuno, 2016, p. 299-300.

> relação e, por decorrência, ofenda os valores fundamentais da ordem constitucional vigente"[40].

Caberá ao Poder Judiciário, sempre que provocado, mais do que salvaguardar as vidas em situações emergenciais que lhe são apresentadas quando interpostas tutelas provisórias para sua apreciação neste tocante. Deverá cada Magistrado adequar cada uma delas aos contratos de plano de saúde firmados, proferindo decisões que levem a um equilíbrio e a uma igualdade entre as partes, agindo no sentido de refletir a justiça àquele que dela almeja se socorrer.

---

40 GOMES, Josiane Araújo. **Contratos de Plano de Saúde**. A busca judicial pelo equilíbrio de interesses entre usuários e as operadoras de planos de saúde. Leme: JH Mizuno, 2016, p. 299-301.

CONSIDERAÇÕES FINAIS

Ao fazer adesão a um plano de saúde, o contratante/paciente, busca garantias à sua vida quando esta estiver em perigo, nas situações em que sua saúde estiver ameaçada.

Para amparar a vida e reverter situações de comprometimento que sobre ela incidam, caberá ao profissional responsável na área da saúde declinar o que é necessário para reversão do quadro.

Caberá ainda ao estabelecimento onde estes fatos ocorrem dar total acolhida ao que é necessário ao paciente, de acordo com o declinado pelo profissional, diante dos relatos dos quadros que lhes são apresentados.

Desta somatória, o plano de saúde contratado pelo paciente, deverá adimplir com suas obrigações contratuais e fornecer o que for necessário para que o êxito de salvar uma vida ou de amenizar-lhe o sofrimento seja alcançado, dentro do que foi acordado entre as partes.

Cabe também a este mesmo contratante/paciente ter conhecimento das obrigações a serem por ele adimplidas e consideradas a fim de que esta satisfação ocorra de forma plena.

A satisfação plena considera, nas muitas das vezes, as incontáveis alternativas ofertadas neste contexto, em termos de tratamentos médicos, procedimentais e farmacológicos, fazendo-se necessária a coesão entre o que foi ofertado pelo plano de saúde e o que foi contratado pelo paciente, a fim de manter-se o equilíbrio contratual e amparar-se a vida que corre perigo, que sente dor.

Quando não há aparente consenso entre o que foi acordado pelas partes, estando o contratante/paciente em situação de emergência e incidindo-lhe uma negativa de cobertura por parte do plano de saúde por ele contratado, necessária se faz a intervenção judicial para que a situação se reverta.

O contratante/paciente ou sua família/seu representante, quando aquele estiver impossibilitado, busca, por intermédio de um advogado, acionar o Poder Judiciário para a interposição de demanda na qual, em caráter de celeridade, reverta-se a negativa.

Nestes casos, mediante a propositura de uma tutela provisória oportuna, haverá, como o próprio nome diz, uma decisão pelo Magistrado da causa até que outra seja proferida acerca do objeto por ela regulamentado.

Nos casos de negativas de cobertura pelos planos de saúde em situações emergenciais, há total e absoluta possibilidade de serem interpostas tutelas provisórias, de acordo com a especificidade de cada caso e conforme regulamentações procedimentais vigentes, a fim de que se busque reverter as negativas de concessão ao que se faz necessário pelas operadoras da maneira mais célere possível, sem que haja a necessidade de se esperar o deslinde definitivo de uma demanda judicial, que por conhecimento público e notório se prolonga por anos.

Este tempo, quando a questão é a saúde, é absolutamente relevante, vez que a vida não pode esperar diante de uma situação emergencial que lhe compromete a satisfação da forma mais plena possível.

Desta forma, a cada caso, caberá a cada advogado postular em cada caso de acordo com situação a ele apresentada, da maneira que melhor se adequar a tutela provisória a ser pleiteada à ótica legislativa, assim como caberá a cada Magistrado julgá-la de acordo com a ponderação de todos os fatores envolvidos.

O sopesamento entre o contrato firmado, as obrigações dele decorrentes, o que disciplina o ordenamento vigente no tocante às suas normas correlatas e a vida, é de suma importância para um equilíbrio jurídico apto a coadunar com a justiça almejada.

Não há que se afirmar que tudo e absolutamente todas as coisas solicitadas devem ser deferidas pelos planos de saúde, assim como não há de se questionar a razão pela qual o profissional que a solicitou assim o fez, surgindo deste contraponto grandes embates jurídicos à tantas realidades país adentro.

A real necessidade de adequação deve se dar entre o que foi solicitado, objeto absolutamente inquestionável considerado o conhecimento técnico do profissional que assim discerniu, e entre a real possibilidade de sua cobertura pelo plano de saúde contratado.

Contrabalançadas estas ponderações, corroborar-se-á para uma justiça a se realizar de forma mais abrangente e satisfatória, passível de abarca a vida em seu sentido mais amplo.

Pleitear a reversão de negativas por parte das operadoras dos planos de saúde em situações de emergências em saúde é antes de tudo buscar garantir que a vida prevaleça, que a dor cesse, e a observância das condições fáticas para que isso ocorra é ponto crucial a cada demanda interposta.

Não há que se falar que o juiz deverá sempre e em todo momento deferir tudo o que lhe é solicitado no momento de sua atuação judicial, vez que afirmar algo neste sentido é ferir, de forma simplista e resumida, o princípio isonômico de tratamento que deve nortear toda e qualquer relação jurídica, o tratamento igualitário a ser despendido a cada parte que litiga em juízo e a garantia das decisões livremente motivadas a serem proferidas por cada Magistrado.

Deferir ou não uma tutela provisória, seja ela de que espécie o for, considerado seu caráter satisfativo ou meramente cautelar, ainda que para reverter uma situação emergencial em saúde, sempre acabará por refletir na responsabilização de uma das partes, que terá de fazer ou não fazer determinada coisa, cumprindo a ordem judicial advinda do deferimento ou do indeferimento do que se pleiteia.

Ao pleitear por intermédio de medidas céleres a reversão das negativas dos planos de saúde, deve-se considerar que a vida é um bem supremo, que este direito deve ser respeitado e garantido, mas sem que se esqueça de que ao direito caberá a adequação de cada fato a uma norma que assim a regulamenta, ou seja, a robustez probatória de toda e qualquer demanda é o que dará ensejo à uma maior ou menor probabilidade de satisfação daquilo que se busca judicialmente em situações de emergência em saúde.

REFERÊNCIAS BIBLIOGRÁFICAS

BARBUGIANI, Luiz Henrique Sormani. **Planos de Saúde. Doutrina, Jurisprudência e Legislação**. Coleção Direito Econômico/Coordenador Fernando Herren Aguilar. São Paulo: Saraiva, 2015.

BOTTESINI, Maury Angelo e outro. **Lei dos Planos e Seguros de Saúde Comentada – Artigo Por Artigo**. 3ª ed. São Paulo: Forense, 2015.

BRASIL. **Constituição da República Federativa do Brasil de 1988**.

BRASIL. **Instituto Brasileiro de Defesa do Consumidor.** Disponível em < http://www.idec.org.br/consultas/dicas-e-direitos/o-que-sao-clausulas-abusivas>.

BRASIL. **Lei Federal nº 5.869**, de 11 de janeiro de 1973.

BRASIL. **Lei nº 8.078**, de 11 de setembro de 1990.

BRASIL. **Lei Federal nº 10.406**, de 10 de janeiro de 2002.

BRASIL. **Lei nº 12.653**, de 28 de maio de 2012.

BRASIL. **Lei Federal nº 13.105**, de 16 de março de 2015.

BRASIL. **Resolução do Conselho Federal de Medicina nº 1.931**, de 17 de setembro de 2009.

BRASIL. **Resolução Normativa da ANS 259**, de 17 de junho de 2011.

BRASIL. Superior Tribunal de Justiça. **AgInt no AREsp 949288 / CE.** AGRAVO INTERNO NO AGRAVO EM RECURSO ESPECIAL 2016/0180440-0. Relator(a) Ministro ANTONIO CARLOS FERREIRA. Órgão Julgador T4 – QUARTA TURMA. Data do Julgamento 20/10/2016. Data da Publicação/Fonte DJe 24/10/2016.

BRASIL. Superior Tribunal de Justiça. **AgRg no AREsp 854954/CE** AGRAVO REGIMENTAL NO AGRAVO EM RECURSO ESPECIAL 2016/0018079-4. Relator(a) Ministro MARCO AURÉLIO BELLIZZE. Órgão Julgador T3 – TERCEIRA TURMA. Data do Julgamento 24/05/2016. Data da Publicação/Fonte DJe 06/06/2016.

BRASIL. Superior Tribunal de Justiça. **AgInt no AREsp 833977/DF** AGRAVO INTERNO NO AGRAVO EM RECURSO ESPECIAL 2015/0323044-5. Relator(a) Ministro PAULO DE TARSO SANSEVERINO. Órgão JulgadorT3 – TERCEIRA TURMA. Data do Julgamento 01/09/2016. Data da Publicação/Fonte DJe 12/09/2016.

BRASIL. Superior Tribunal de Justiça. **AgInt no AREsp 912662/SP**. AGRAVO INTERNO NO AGRAVO EM RECURSO ESPECIAL 2016/0113657-7. Relator(a) Ministro RAUL ARAÚJO. Órgão Julgador T4 – QUARTA TURMA. Data do Julgamento 06/09/2016. Data da Publicação/Fonte DJe 21/09/2016.

BRASIL. Superior Tribunal de Justiça. **REsp 1286133/ MG**. RECURSO ESPECIAL 2011/0241035-4. Relator(a) Ministro MARCO AURÉLIO BELLIZZE. Órgão Julgador T3 – TERCEIRA TURMA. Data do Julgamento 05/04/2016. Data da Publicação/Fonte DJe 11/04/2016.

BRASIL. Superior Tribunal de Justiça. **AgInt no AgRg no AREsp 476411/CE.** AGRAVO INTERNO NO AGRAVO

REGIMENTAL NO AGRAVO EM RECURSO ESPECIAL 2014/0032957-4.Relator(a) Ministro MARCO BUZZI. Órgão Julgador T4 – QUARTA TURMA. Data do Julgamento 08/11/2016. Data da Publicação/Fonte DJe 18/11/2016.

BRASIL. Superior Tribunal de Justiça. **REsp 1392560/PE.** RECURSO ESPECIAL 2013/0221332-8. Relator(a) Ministro JOÃO OTÁVIO DE NORONHA. Órgão Julgador T3 – TERCEIRA TURMA. Data do Julgamento 09/08/2016. Data da Publicação/Fonte DJe 06/10/2016.

BRASIL. Superior Tribunal de Justiça. **AgRg no REsp 1504979/RJ.** AGRAVO REGIMENTAL NO RECURSO ESPECIAL 2014/0301826-1.Relator(a) Ministro MOURA RIBEIRO. Órgão Julgador T3 – TERCEIRA TURMA. Data do Julgamento 05/05/2016. Data da Publicação/Fonte DJe 13/05/2016.

BRASIL. Superior Tribunal de Justiça. **EDcl no REsp 1286133/MG.** EMBARGOS DE DECLARAÇÃO NO RECURSO ESPECIAL 2011/0241035-4. Relator(a) Ministro MARCO AURÉLIO BELLIZZE. Órgão Julgador T3 – TERCEIRA TURMA. Data do Julgamento 16/08/2016. Data da Publicação/Fonte DJe 22/08/2016.

BRASIL. Superior Tribunal de Justiça. **AgRg no REsp 1425197/DF.** AGRAVO REGIMENTAL NO RECURSO ESPECIAL 2013/0409001-5. Relator(a) Ministro LUIS FELIPE SALOMÃO. Órgão Julgador T4 – QUARTA TURMA. Data do Julgamento 03/12/2015. Data da Publicação/Fonte DJe 10/12/2015.

BRASIL. Superior Tribunal de Justiça. **REsp 1481089/SP.** RECURSO ESPECIAL 2014/0225534-0. Relator(a) Ministro RICARDO VILLAS BÔAS CUEVA. Órgão Julgador T3 – TERCEIRA TURMA. Data do

Julgamento 01/12/2015. Data da Publicação/Fonte DJe 09/12/2015.

BRASIL. Superior Tribunal de Justiça. **AgRg no AgRg no REsp 1513505/RS** AGRAVO REGIMENTAL NO AGRAVO REGIMENTAL NO RECURSO ESPECIAL 2015/0024065-0. Relator(a) Ministro MOURA RIBEIRO. Órgão Julgador T3 - TERCEIRA TURMA. Data do Julgamento17/03/2016. Data da Publicação/ Fonte DJe 29/03/2016.

BRASIL. Superior Tribunal de Justiça. **AgRg no REsp 1388419/PR**. AGRAVO REGIMENTAL NO RECURSO ESPECIAL 2013/0199570-1. Relator(a) Ministro RAUL ARAÚJO. Órgão Julgador T4 - QUARTA TURMA. Data do Julgamento 08/03/2016. Data da Publicação/Fonte DJe 17/03/2016.

BRASIL. Superior Tribunal de Justiça. **AgRg no REsp 1215413/MT** AGRAVO REGIMENTAL NO RECURSO ESPECIAL 2010/0178689-6. Relator(a) Ministra MARIA ISABEL GALLOTTI. Órgão Julgador T4 - QUARTA TURMA. Data do Julgamento 07/08/2014. Data da Publicação/Fonte DJe 20/08/2014.

BRASIL. Superior Tribunal de Justiça. **REsp 980326/RN** RECURSO ESPECIAL 2007/0195089-0. Relator(a) Ministro LUIS FELIPE SALOMÃO. Órgão Julgador T4 - QUARTA TURMA. Data do Julgamento 01/03/2011. Data da Publicação/Fonte DJe 04/03/2011.

BRASIL. Superior Tribunal de Justiça. **AgInt no AREsp 901638/DF** AGRAVO INTERNO NO AGRAVO EM RECURSO ESPECIAL 2016/0095282-8. Relator(a) Ministro MARCO AURÉLIO BELLIZZE. Órgão Julgador T3 - TERCEIRA TURMA. Data do Julgamento 06/10/2016. Data da Publicação/Fonte DJe 20/10/2016.

BRASIL. Superior Tribunal de Justiça. **REsp 1713429/SP**. RECURSO ESPECIAL 2017/0310782-1. Relator(a) Ministra NANCY ANDRIGHI. Órgão Julgador T3 – TERCEIRA TURMA. Data do Julgamento 21/08/2018. Data da Publicação/Fonte DJe 24/08/2018.

BRASIL. Superior Tribunal de Justiça. **RESP 1771308**. Ministra NANCY ANDRIGHI – Terceira Turma. Data do Julgamento: 19/02/2019.

BRASIL. Superior Tribunal de Justiça. **Súmula 302**.

BRASIL. Superior Tribunal de Justiça. **S**úmula 597.

BUENO, Cassio Scarpinella. **Manual de Direito Processual Civil – Lei Nº 13.105, de 16.03.2015**. Volume Único. 2ª ed. São Paulo: Saraiva, 2015.

CARVALHO, Karyna de Almeida. **Tutelas de Urgência e Evidência no Novo Código de Processo Civil.** São Paulo: All Print, 2016.

CONSUMIDOR, **Instituto de Defesa**. Disponível em http://www.idec.org.br/uploads/publicacoes/publicacoes/folheto-plano-saude.pdf.

DANTAS, Eduardo e outro. **Comentários ao Código de Ética Médica: Resolução CFM nº 1.931, de 17 de dezembro de 2009**. Rio de Janeiro: GZ Editora, 2010.

DANTAS, Eduardo Vasconcelos dos Santos. **Direito Médico.** 3ª ed. Rio de Janeiro: GZ Editora, 2014.

ESMERALDI, Renata Maria Gil Da Silva Lopes e outro. **Planos de Saúde no Brasil – Doutrina e Jurisprudência.** 2ª ed. São Paulo: Saraiva, 2015.

FARIAS, Thélio Queiroz e outro. **Práticas Abusivas das Operadoras de Planos de Saúde.** 2ª ed. São Paulo: Anhanguera Editora Jurídica, 2014.

FUX, Luiz. **Tutela de Urgência e Planos de Saúde**. Rio de Janeiro: Espaço Jurídico, 2000.

GOMES, Josiane Araújo. **Contratos de Plano de Saúde**. A busca judicial pelo equilíbrio de interesses entre usuários e as operadoras de planos de saúde. Leme: JH Mizuno, 2016.

KFOURI NETO, Miguel. **Responsabilidade Civil dos Hospitais - Código Civil e Código de Defesa do Consumidor**. 2ª ed. São Paulo: Revista dos Tribunais, 2015.

KFOURI NETO, Miguel. **Responsabilidade Civil do Médico**. 8ª ed. São Paulo: Revista dos Tribunais, 2013.

LUPETTI, Bárbara. **Como Diferenciar as Tutelas de Urgência e da Evidência no Novo CPC**. Disponível em http://www.conjur.com.br/2016-fev-03/barbara-lupetti-tutelas-urgencia-evidencia-cpc.

MEDICINA, Conselho Federal. **Resolução nº 1451**, de 10 de março de 1995.

NORONHA, Fernando. **Direito das Obrigações**. São Paulo: Saraiva, 2003.

PEREIRA, André Gonçalo Dias. **Direitos dos Pacientes e responsabilidade médica**. Coimbra: Coimbra Editora, 2015.

PEREIRA, Pedro H. S. **O que é uma operadora de saúde?** Disponível em http://www.gestaodasaude.com.br/operadora-de-saude-conceito/.

Resolução do Conselho de Saúde Suplementar - **CONSU - nº 13**, de 03 de novembro de 1998.

RODRIGUES, Silvio. **Responsabilidade Civil, 3ª ed**. São Paulo: Saraiva, 2003.

SÁ, Renato Montans de. **Manual de Direito Processual Civil**. 2.ed. São Paulo: Saraiva, 2016.

SALAZAR, Andrea Lazzarini e outro. **A Defesa da Saúde em Juízo**. São Paulo: Verbatim, 2009.

SILVA, Regina Beatriz Tavares da. **Responsabilidade Civil: Responsabilidade Civil e sua Repercussão nos Tribunais**. São Paulo: Saraiva, 2009.

SILVEIRA, Karyna Rocha Mendes da Silveira. **Tudo O Que Você Precisa Saber Sobre os Planos de Saúde**. São Paulo: Saraiva, 2009.

SOBANIA, Luís Carlos. **A Ética na Emergência**. Disponível em http://www.portalmedico.org.br/biblioteca_virtual/des_etic/15.htm.

SOUZA, Amanda Thais Zanchi. **Os planos de saúde como contratos de consumo**. Disponível em http://www.direitonet.com.br/artigos/exibir/2060/Os-planos-de-saude-como-contratos-de-consumo.

SOUZA, Neri Tadeu Camara. **Plano de Saúde e Tutela Antecipada**. Disponível http://ambito-juridico.com.br/site/?n_link=revista_artigos_leitura&artigo_id=1883&revista_caderno=7.

TALAMINI, Eduardo. **Tutela Provisória no Novo CPC: Panorama Geral**. Disponível em http://www.migalhas.com.br/dePeso/16,MI236728,81042-Tutela+provisoria+no+novo+CPC+panorama+geral.

VARELLA, Dráuzio e outro. **A Saúde Dos Planos De Saúde: Os Desafios da Assistência Privada no Brasil**. 1.ed. São Paulo: Paralela, 2014.

VERDI, Natalia Carolina. **A prioridade legal dos octogenários.** Disponível em https://www.portaldoenvelhecimento.com.br/prioridade-legal-dos-octogenarios/.

VERDI, Natalia Carolina. **Saúde do Idoso – o direito a ter um acompanhante**. Disponível em https://www.portaldoenvelhecimento.com.br/saude-do-idoso-o-direito-a-ter-um-acompanhante/.